Spotkajmy się
w Ameryce

LECH E. NOWAK

Spotkajmy się w Ameryce

Wydanie II: Pompano Beach, FL, USA / Listopad 2013
Wydawca: Creative Business Technologies, LLC
ISBN-10: 0-615-92482-4
ISBN-13: 978-06-1592-482-3

Książkę tą dedykuję mojej ukochanej żonie Marii, mojemu synowi Grzegorzowi, jego żonie Justynie, oraz najmłodszej w rodzinie wnuczce Darii. Bez ich udziału i wsparcia ta książka by nie powstała.

Rozdział 1

Zielona Karta

Ludzie miewają różne wyobrażenia o świecie i nie zawsze są w stanie przewidzieć, co może ich spotkać. A bywa, że życie zaskakuje. Jest jak heraklitejska rzeka, zmienne i pełne wyzwań, którym wypada stawić czoła. Zmusza do podejmowania nagłych decyzji i kieruje na inne tory. Rodzina to podstawowy wyznacznik stabilizacji. Jednak i ona może doznawać głębokich wstrząsów. I wyrwało nas z korzeniami z rodzinnej ziemi. A zaczęło się naprawdę niewinnie.

Moje życie rodzinne toczyłoby się nadal normalnie, gdyby któregoś wieczoru żona nie powiedziała dziwnie zmienionym głosem:

– Wiesz co, Józek, wysłałam zgłoszenie na losowanie wiz do Ameryki. No wiesz, na tę loterię – dodała zniecierpliwiona, widząc, że nic nie kapuję.

Po cholerę mi ta Ameryka? To była pierwsza myśl, jaka mi przyszła do głowy. Byliśmy w miarę ustabilizowani. Pracowałem, żona też, mieliśmy dom. Najstarszy syn Wacek był w szkole średniej, podobnie córka Karolina. Na dodatek mieliśmy dwójkę drobiazgu. Marcelka i Grzegorz chodzili do podstawówki – Marcelka do szóstej klasy, a Grzegorz do siódmej. A tu mi żona z Ameryką wyjeżdża! Zgłupiała baba, czy co?

Wolałem się nie odzywać, bo wiedziałem, że Marysia nie lubi, gdy staję jej okoniem. Jak się uparła, to nikt nie był w stanie wybić jej z głowy tego, co wymyśliła. Nie było zresztą sensu szarpać się

1

po próżnicy. Cóż, to tylko loteria! Było prawdopodobne, że nam odmówią i że będzie można potem dla fasonu ponarzekać, zaś po jakimś czasie wszystko rozejdzie się po kościach.

Życie toczyło się nadal normalnym trybem, płynęło bez uchwytnych zmian: praca, dom, zakupy, sprzątanie, sen, i od nowa. Tak dzień za dniem mijał. Wyjątkiem była sobota, bo to i sąsiady przyszły, i pogadało się, i jakąś butelczynę wypiło. W niedzielę przepisowo na sumę, potem na piwko, albo na obiad do rodziny. W atmosferze nieomal sielanki upłynęło kilka tygodni od dnia, w którym to kochana żonka zapowiedziała, że chce zmienić naszą rzeczywistość. Był chyba czwartek, coś mnie tknęło, i to zaraz po przyjściu z pracy. Dzieciska młode jakieś zapłakane, smętne, córka Karolcia grzebie w ciuchach w szafie, a Wacuś wbija ogłupiały wzrok w ekran telewizora. Gdy zapytałem, gdzie matka, nikt się nie odezwał, i dopiero gdy zwróciłem się do najstarszego, usłyszałem odpowiedź:

– Poszła do sąsiadki o coś się zapytać!

Trochę to dziwne, pomyślałem, bo zawsze najpierw był obiad dla męża, a potem czas dla sąsiadek. Uznałem, że poczekam, a jak przyjdzie, to dowiem się, o co jej poszło. Wróciła po dwóch godzinach i wyglądała tak, jakby coś wypiła. Zdziwiłem się, że u sąsiadów chlapnęła, podczas gdy w domu nawet od święta dzioba nie umoczy. I się zaczęło.

– Józeczku – mówi, a ja z tego wnioskuję, że coś jest nie tak, bowiem od ślubu tak się do mnie nie zwracała. No, wyduś z siebie wreszcie, cholera jasna, o co ci chodzi! Na to ona, że papiery z ambasady przyszły.

– Wizy nam przyznali, Józiu, jedziemy do Ameryki!

Wszystkiego mogłem się spodziewać, na przykład tego, że Karolcia jest w ciąży albo że Wacuś musi się żenić, ale nie, że będę musiał jechać za Atlantyk. Nogi mi podcięło, klapnąłem na krzesło i zaniemówiłem.

Dobrą chwilę trwało, nim zapytałem o dzieci.

– A dzieciska już wiedzą?

– Pewnie, że wiedzą – odpowiedziała – przecież też jadą, takiej wiadomości nie można utrzymać w tajemnicy. Właśnie dlatego byłam się radzić u sąsiadki, bo ktoś z jej z rodziny też wylosował wizę. Wie dużo lepiej, jak załatwia się te sprawy. Zaczęło się bieganie, ciągle jakiegoś papierka nam brakowało, ale wreszcie udało się nam skompletować wszystkie dokumenty. Wypełniliśmy podania o paszporty. Pozostało nam czekać. Dziwnie stępiałem w tym czasie, natomiast żonka wprost przeciwnie, zwijała się jak w ukropie. To kupowała jakieś ciuchy, to znowu walizki nowe, bo ze starymi do Ameryki niehonorno. A przecież jakieś dolary trzeba wziąć ze sobą. Tak płynął dzień za dniem, aż doczekaliśmy się paszportów, a w kilka dni później wezwania do Ambasady USA. Nie było innej rady. Powiedziałeś A, to teraz powiedz B, mawiał nasz trunkowy sąsiad przed wypiciem kolejnego kieliszka.

Ubraliśmy się więc wszyscy porządnie, zamówiliśmy taksówkę, bo nie zmieścilibyśmy się w moim maluchu, i ruszyliśmy w drogę. W czasie podróży różne myśli kłębiły mi się w głowie. Kiedy podjechaliśmy pod ambasadę, przywitał nas tłok i ścisk jak cholera. Wyglądało to tak, jakby pół Polski chciało jechać do Ameryki. Wmieszałem się w tłum, strzygłem uszami i łowiłem rozmowy. Interesowało mnie, co ludziska mówią. Skoro nas wylosowano, to było oczywiste, że wiele z tych problemów, o których szeptano, i nas będzie dotyczyć. Nasłuchałem się różnych opowieści, aż mnie w końcu łeb rozbolał.

Wreszcie przyszła nasza kolej. Po krótkiej rozmowie otrzymaliśmy wizy i wtedy pomyślałem sobie: „Józik, co ty robisz? Od ojczyzny się odwracasz, w świat chleba idziesz szukać, polski już ci nie smakuje?". Zrobiło mi się markotnie. Popatrzyłem na dzieciska, starsze jakby spoważniały, za to młode bez przerwy się przezbywały, cholera wie o co. Co tam, pomyślałem, widocznie przeżywają to po swojemu. Z podziwem patrzyłem na pełną energii żonę. Była taka, jakby ją kto na sto koni wsadził. Przez lata małżeństwa nie odnosiła się do mnie tak grzecznie, jak do owego konsula. A ile się zębów naszczerzyła, jakby chciała za nas wszystkich nadrobić!

Miałem nadzieję, że szybko wrócimy do domu, ale gdzie tam. Żona zamierzała pokazać dzieciskom, jak wygląda stolica. Nachodziliśmy się tyle, że myślałem, iż mi nogi do tyłka wejdą, ale koniec

3

końców dotarliśmy do domu. Było już dobrze po północy, gdy znaleźliśmy się na miejscu. Tej nocy nie mogłem spać, tyle myśli mi się po głowie kołatało. Sen odszedł i w dziwnym amoku przeleżałem do rana.

Skoro świt wstałem i wyrwałem się zaczerpnąć świeżego powietrza. Jednak gdy tylko wyszedłem na pole, jakaś żałość mnie złapała i za gardło ścisnęła. Obudził mnie ze stanu odrętwienia dopiero głos małżonki. Szukała mnie i darła się na pół wsi, jakby jej chłop przepadł bez wieści. Ledwie do domu wszedłem, a już na mnie wsiadła. Krzyczała, że cholera wie, gdzie łażę, gdy tu trzeba do miasta jechać na zakupy. Przecież w Ameryce wypada pokazać, że Polska jest w Europie i że człowiek stąd nosi się po pańsku.

Dni zaczęły uciekać w szalonym tempie, w robocie załatwiliśmy sobie urlopy bezpłatne. Dobrze, że nadchodziły wakacje, to ze szkołą nie było specjalnych kłopotów. Przyszła niedziela, ostatnia przed wyjazdem, więc wszyscy poszliśmy do kościoła i do spowiedzi. Zawsze to lepiej, gdy Pan Bóg pamięta o tych, którzy lecą aeroplanem. Potem mieliśmy wspólny obiad z rodziną i kilkoma znajomymi. Pomagali nam załatwić pewne sprawy, więc nie należało ich pomijać.

Nie rozpowiadaliśmy na prawo i lewo, jakie szczęście nas spotkało, bo ludziska bywają zazdrosne. Z miejscowych notabli byli tylko ksiądz, sołtys i komendant policji. Naradzaliśmy się długo, czy zaprosić komendanta, ale ksiądz nabożnym głosem autorytatywnie stwierdził, że Pan Bóg będzie miał opiekę nam nami, jak będziemy wysoko, ale tu, na ziemi, naszego dobrobytu powinny pilnować policja i rodzina. Nie wiem, dlaczego najpierw wymienił policję, a nie rodzinę, ale pomyślałem sobie: „Ksiądz wie, co mówi, przecież u niego wszyscy się spowiadają, to informacje ma z pierwszej ręki". Rozmawiałem z żoną po rozejściu się gości i doszedłem do wniosku, że jednak miał rację. Nie wszyscy z rodziny zareagowali równie życzliwie. Niektórzy dopiero na przyjęciu dowiedzieli się o naszym wyjeździe. Jednak nie to było najważniejsze.

Wyjeżdżaliśmy we wtorek i trzeba było pomyśleć o tym, jak zabrać się na Okęcie. Zaplanowaliśmy, że na lotnisko odwiezie nas wuj Michał. Nie mieliśmy dużego wyboru, bo tylko on miał samochód. Jego łada okazała się jednak za mała.

Gdy wuj zobaczył nasze manele, obrzucił nas wzrokiem pełnym zwątpienia i zawyrokował:

– No dobra, to w mój samochód zapakujemy bagaże, a wy gdzie?

Dopiero wtedy zdaliśmy sobie sprawę z tego, że przesadziliśmy z ekwipunkiem. Każdy z rodziny miał po dwie walizy. Do tego dochodził bagaż podręczny. Razem osiemnaście sztuk. Potrzebowaliśmy czegoś większego niż samochód osobowy. Po krótkiej naradzie poszliśmy do sąsiada, który miał nyskę. Ostatecznie stanęło na tym, że wsiądę do nysy z walizkami, a żona z dziećmi do łady. I nadszedł dzień odlotu. Załadowaliśmy do toreb podróżnych sporo żywności: serów, wędlin, konserw, weków. Pełny żołądek był podstawą dobrego samopoczucia. Ruszyliśmy w drogę. Po dłuższej podróży dojechaliśmy szczęśliwie na lotnisko Okęcie w Warszawie. Powiało wielkim światem. Wtedy pomyślałem sobie: „Gdyby ktoś w Ameryce się zapytał, skąd przyjechałem, mogłem śmiało odpowiedzieć, że z Warszawy. Jak to pięknie brzmiało! Zawsze to stolica europejska, a nie jakieś zadupie...".

Rozdział 2

Do Nowego Jorku

Przeszliśmy przez odprawę. Oczywiście, musieliśmy dopłacić za bagaż z nadwagą, ale sobie obiecałem, że w Ameryce migiem to odrobię. Celnicy pytali nas, czy nie przewozimy żywności. W swej naiwności zaprzeczyliśmy, nie zdając sobie sprawy z tego, co nas czeka za Atlantykiem. Nawyk do przekrętów miało się przecież we krwi. Wreszcie zajęliśmy miejsca w samolocie. Na zewnątrz wydawał się olbrzymi, ale w środku był wyraźnie mniejszy. Miejsce miałem przy oknie, toteż smętnie patrzyłem, jak startujemy i unosimy się do góry. Trzeba jednak powiedzieć, że ten widok zrobił na mnie wrażenie. Wszystko malało, i to w szybkim tempie. Kiedy pilot poinformował nas, że lecimy na wysokości pięciu tysięcy metrów, z wrażenia oniemiałem. Całe dotychczasowe życie stanęło mi przed oczami. Po pewnym czasie stewardesy zaczęły rozwozić drinki. Nie powiem, bardzo mi się to podobało. Wziąłem piwo i smirnoffa. Zaraz po spożyciu zrobiło mi się lżej na duszy, więc poszedłem za ciosem i natychmiast poprosiłem o „powtórkę z rozrywki". Dopiero wtedy zacząłem się rozglądać po samolocie. Ludzie!!! Samolot był pełny, część ludzi spała, inni czytali, reszta oglądała wyświetlany film. Przeszyła mnie myśl, że dokładnie wiedzą, dokąd lecą. Tylko ja z całą moją ferajną pakowałem się do jakiegoś kuzyna żony, którego nigdy nie widziałem na oczy.

Wiercąc się w fotelu, przypomniałem sobie słowa księdza

6

o tym, że „policjanci pilnują na dole, a Pan Bóg na górze". Zauważyłem kątem oka, jak żona się przy starcie przeżegnała, a za nią dzieciska, więc i ja zrobiłem to samo. Nie należało igrać z siłami wyższymi. W czasie pożegnalnego przyjęcia proboszcz i komendant policji śpiewali: „Już tylu chłopców odchodziło z naszego puebla...". Powiedziałem sobie: „Dobrze że nie wybrałem się do Ameryki samotnie". Żonkę i dzieci miałem ze sobą, więc było mi raźniej. Zacząłem się zastanawiać nad tym, jakie ten *exodus* z Polski wywołuje skutki. Bo przecież kupa ludzi wyjeżdżała, a samoloty codziennie latały. Gdyby co drugi z pasażerów zostawał w USA, to kto by w tej Polsce jeszcze pracował? Chyba nie politycy, przecież oni, cwaniacy, prawie wszystko już osiągnęli. Może kiedyś Pan Bóg sprawi, że się opamiętają.

Dużo później dowiedziałem się o wielkości Polonii. Poza granicami kraju mieszkało dwadzieścia milionów rodaków, z czego połowa w Stanach Zjednoczonych.

Niewesołe rozmyślania przerwał mi sąsiad z następnego rzędu, pytając:

– Panie młodszy, walniesz pan jednego?

Spojrzałem w stronę żony, ale on szybko dodał:

– Żonka też gruchnie z nami jednego za szczęśliwą podróż. No nie, pani kochana?

Ku memu zdumieniu, Marysia się zgodziła. Normalnie powiedziałaby, że z nieznajomymi nie pije, ale dzisiaj łaskawie skinęła głową. Tak była przejęta tą podróżą. Po drugiej półlitrówce byliśmy już przekonani, że nic złego stać się nam nie może, a potem zapadliśmy w drzemkę, którą nam przerwano, serwując obiad.

Po dziewięciu godzinach lotu pilot oznajmił, że będziemy podchodzić do lądowania. Obyło się bez turbulencji nad Atlantykiem. Rosło napięcie w ludziach, ale kiedy poczuli tąpnięcie kół podwozia o matkę ziemię, zaczęli bić brawo. Nie powiem, mnie to też ucieszyło, i to niezmiernie.

Zaczęliśmy się szykować. Wyszliśmy z samolotu przez kieszeń, idąc korytarzami, aż dotarliśmy do dużej sali, gdzie – jak się okazało – mieliśmy odbierać bagaże. Trochę to trwało, nim skompleto-

7

waliśmy je wszystkie. Wreszcie ruszyliśmy dalej. Człowiek w uniformie poprosił nas o paszporty. Celnicy zajęli się naszymi manelami, z których – oczywiście – uprzątnęli wszystko, cośmy tak pieczołowicie chowali, to znaczy kiełbasy, szynki, sery i inne specjały. Wędlin i owoców nie wolno było wwozić do USA. Takie było prawo. Obowiązywało ono również w wielu innych państwach, na przykład w Australii. Skąd mogłem o tym wiedzieć? Przecież nie latałem po świecie. Myślałem, że mi serce pęknie, ale w porę przyszło mi do głowy powiedzenie mojej babci „Co kraj, to obyczaj!" i tak sobie pomyślałem: „Cóż się tak sierdzisz? Może oni na ich *bumów* zbierają, to niech tam. Przynajmniej raz w życiu porządnie zjedzą!"

Przypomniałem sobie, jak to rzecznik rządu, Jerzy Urban, chciał koce wysyłać bezdomnym, śpiącym pod nowojorskimi mostami. Tak i teraz myśmy się im – w moim mylnym przekonaniu – jakoś przysłużyli.

Kiedy odprawa się skończyła, wzięliśmy bagaże i ruszyliśmy do wyjścia. Kuzynostwo znamy tylko ze zdjęcia, podobnie jak oni nas – także z fotografii, tyle że ślubnej, wykonanej przed laty. Czas zrobił swoje i fizjonomie nam się pozmieniały.

Zapytałem więc mojej:

– A wysłała ty nowe fotografie, żeby nas kuzynostwo poznało?

Moją na chwilę zamurowało, ale rezolutnie odpowiedziała:

– Ta przecież ja Irence opowiadała, jak my wyglądamy, więc na pewno się rozpoznamy. Zresztą, kto tu inny przyjeżdża z czwórką dzieci?

Ona tu rządziła, więc doszedłem do wniosku, że nie powinienem się wtrącać.

Dotarliśmy na miejsce, w którym mieliśmy się spotkać z rodziną. Ludzi tam było od cholery. Przekrzykiwali się nawzajem. Moja Marysia bluzkę zaczęła rozpinać i biustonoszem świecić. Trudno, żebym puścił to płazem.

– Czyś ty się, babo, szaleju opiła, czy co?

Na to ona:

– Nie, Józuś. Tylko ja sobie przypomniała, że kuzyn był straszny pies na baby, tak mi jego żonka mówiła. To może teraz w nim się ta żyłka odezwie i na nas trafi. Nie pozostało mi nic innego, jak tylko czekać. Albo nas kuzynostwo rozpozna, albo mi żonkę policja zwinie! Poznałem wtedy, co znaczy polska solidarność. Zjawili się chętni, gotowi pomóc. Podpytywali nas, na kogo czekamy, jak oni wyglądają – i poskutkowało. Po dwudziestu minutach byliśmy w komplecie. Oczywiście, nie obyło się bez łez, całusów i pochlebnych słówek w stylu „aleś się, byku, zmienił". Na szczęście, do żonki nikt się w ten sposób nie zwracał. Zrobiło mi się żal dziecisków, bo nie znalazły się w centrum uwagi. Stały sobie spokojnie, nie biorąc udziału w żywiołowych powitaniach, i czekały, aż po wszystkim ktoś się nimi zajmie.

Wyszliśmy z dworca lotniczego Johna Kennedy'ego i wtedy po raz pierwszy zobaczyłem vana, takiego słowa użył kuzyn, a była to maszyna jak połowa autosanu. Nie powiem, ten samochód robił wrażenie. Postanowiłem, że jak tylko zarobię trochę pieniędzy, to sobie taki kupię. Zapakowaliśmy wszystko, po czym wsiedliśmy i kuzyn ruszył z nami w dziewiczą podróż po amerykańskiej ziemi. Szokowały ogromne arterie komunikacyjne. Niepokoiłem się, czy sobie poradzę w przyszłości z samodzielną jazdą po tak ogromnej metropolii. Mój zostawiony w kraju maluch wyglądał cienko w porównaniu z samochodami, które miałem okazję tu zobaczyć.

Pomyślałem sobie: „Chciałeś, Józiu, do świata, to go masz. Zachowuj się teraz jak na Europejczyka przystało, weź życie w swoje ręce i patrz, żeby ci nie opadły, bo będzie obciach jak cholera!".

To nie był sen, znaleźliśmy się naprawdę w Nowym Jorku, liczącej osiem milionów mieszkańców największej aglomeracji USA. Miała tu siedzibę Organizacja Narodów Zjednoczonych. Miasto było zróżnicowane narodowościowo i rasowo. Tworzyło istną wieżę Babel, a w jego dzielnicach mówiono ośmiuset językami. Chinatown na Manhattanie stanowiło największe na półkuli zachodniej skupisko Chińczyków. Znajdowało się tu kilka światowej sławy mostów, wieżowców oraz parków. Nie myśleliśmy jednak o zwiedzaniu metropolii. Central Park, Times Square, Broadway, Statua Wolności? Przyjechaliśmy tu za chlebem, a nie po to, by zachwy-

9

cać się okrzyczanymi zabytkami, kościołami, muzeami i galeriami sztuki. Nie powiem, żeby nam w Polsce chleba brakowało, ale tak się przecież mówiło. Po jakimś czasie zauważyłem, że duże arterie zaczynają ustępować skromniejszym połączeniom komunikacyjnym. Zapytałem więc kuzyna:

– A dokąd jedziemy?

– Do Greenpoint, najbardziej wysuniętej na północ dzielnicy Brooklynu – odpowiedział. – To polska dzielnica, *Little Poland*, wyobraź sobie. Tu nawet nie musisz rozmawiać po angielsku, a żyć się da, i to nieźle, sam zobaczysz! – A potem dorzucił: – Na południe od Greenpoint znajduje się Williamsburg. To z kolei dzielnica Żydów, Chasydów.

Wreszcie dojechaliśmy na miejsce.

Na pierwszy rzut oka nie wyglądało to zachęcająco, budynek ciasno obok budynku, wszystko wysokie, na zewnątrz nic ciekawego. Zobaczymy, co w środku, pomyślałem sobie. Kuzyn dostrzegał, że nie mam zachwyconej miny, więc zaczął objaśniać:

– Może z zewnątrz to nic specjalnego, ale w środku całkiem, całkiem. To *subway rooms*.

Niestety nie zrozumiałem, co to takiego, więc tylko skinąłem głową. Weszliśmy do wnętrza i zaczęły się schody.

Wspinamy się, wspinamy i wspinamy. Przez głowę przebiega mi pesymistyczna myśl: „Źle ci było na parterze, w swoim domku, to drap się do góry, Tomku!". Przykre wrażenie ustąpiło, gdy weszliśmy do mieszkania. Nie powiem, owszem, rozmiarowo wnętrze było większe, niż sobie wyobrażałem. Nie mogłem zrozumieć tylko jednego: dlaczego przechodzi się z pokoju do pokoju, a nie – tak jak u nas – z korytarza do pokoju. Kuzyn w lot pojął moje rozterki i wyjaśnił, że tak właśnie wygląda *subway rooms*.

Rozdział 3

Za pracą

Po trzech dniach pobytu w gościnnym nam mieszkaniu kuzyn Bolek, nalewając whisky – Johnnie Walkera, czyli po naszemu Jasia Wędrowniczka – życzliwie zapytał:
– No jak, brachu? Kiedy myślisz zacząć zarabiać te dolary? Przecież po to żeście tu przyjechali?– Nie powiem, trafił w sedno. I dodał od niechcenia: – O swoją się nie martw. Już się nią moja zajmie. Znajdzie jej jakieś sprzątanie i będzie tłukła zielone. Grzecznie zapytałem, jaką pracę mógłbym wykonywać. Bolek popatrzył na mnie krytycznym wzrokiem i zaczął się na głos zastanawiać, gdzie by mnie wcisnąć.
– Może do Stefana? Montował brygadę do rozbiórek. Spróbujmy, dobre miejsce! – zatarł ręce po chwili namysłu. – No, Józik, walnij jednego, bo do roboty trzeba się brać! – zadecydował. No to walnąłem, a ponieważ było tego prawie pół szklanki, z niemałym trudem przełknąłem. Bolek wychylił natomiast do dna bez zająknięcia. Nabrał powietrza, po czym usłyszałem:
– Cóż ja widzę? – rzekł z uśmiechem. – Wprawy to wy, kuzyn, nie macie. Musicie potrenować, bo jak was chłopaki z brygady dorwą, to na wpół żywego po robocie przywleką. A wtedy ci matka da, już ja to znam!
Walnęliśmy na drugą nóżkę i Bolek podszedł do telefonu, by zadzwonić do Stefana.
– *Hey, Steven*, co tam u ciebie słychać? – usłyszałem. – Jak

11

tam matka, dzieci zdrowe? Może byś wpadł do nas, kuzyn z Polski przyjechał. Powspominalibyśmy o starych Polakach. A co ty tam pieprzysz, bierz karę i przyjeżdżaj! Aha, byłbym zapomniał. Zaparkuj na moim miejscu, bo matka z kuzynką pojechały na *shopping*, bo u nas w *storze* jest *sejał*, to nieprędko wrócą. No, dobra, dobra, pakuj się i już – dorzucił, odkładając słuchawkę. Bolek objaśnił, kim jest Stefan.

– Zaraz tu będzie, on tak zawsze się ceregieli, bo technikum skończył. A teraz ma brygadę remontową i zasuwa jak trzeba, bracie. Nie bądź taki przerażony, Józik, walnij jeszcze jednego, to ci się humor poprawi. – Potem zmienił temat. – Powiedz ty mi, Józiek, jak ci się ta nasza Ameryka podoba. Czy ty ją lubisz?

– Ja to jeszcze tutaj niczego nie widziałem, przecież jestem dopiero trzeci dzień.

– Oj, napatrzysz ty się tutaj, napatrzysz. Ale pamiętaj: Gdyby cię ktoś pytał, czy podoba ci się w Ameryce, mów bez zająknięcia, że bardzo. Wszyscy mnie tu znają i z tego właśnie powodu nie mogę mieć żadnego obciachu.

Wróciłem myślami do kraju. Pewnego razu, gdy mnie majster zapytał, czy zostanę dwie godziny po robocie, to tyle jobów dostał, że można by było z nich niezłą wiązankę układać. Nasunęło mi się w związku z tym pytanie.

– Słuchaj, Bolek, zdarza się, żebyś pracował mniej niż dwanaście godzin?

Na to kuzyn:

– Czasem *owertajma* robię, to i pieniądze większe do domu przynoszę. Ale nie zawsze.

Zanim się zorientowaliśmy, moja żona wróciła z zakupów. Była tak odmieniona i zajęta swoimi myślami, że nie zwróciła uwagi na to, że jestem nieźle wstawiony. Za to po kuzynie nie było widać niczego. Gadali jak najęci ze Stevenem o tym, co będę mógł robić i ile zarobić przy tych demolkach. Jednak nic konkretnego z tego nie wynikało.

Żonę dopiero w nocy odblokowało. Zaczęła się przymilać i opowiadać, jakie to cudeńka widziała w sklepach. Moglibyśmy to wszystko mieć, jeśli zabralibyśmy się do pracy. W końcu zapytała, czy

12

mam szansę na coś się załapać. Powiedziałem, że kuzyn rozmawiał w tej sprawie ze Stefanem, tylko nie za bardzo ich rozumiałem.

– Nie martw się, Józuś – powiedziała – damy sobie radę. Jak inni tyle osiągnęli, to i my nie będziemy gorsi. Popatrz do czego nasze kuzynostwo doszło.

Nie miałem ani siły, ani ochoty dyskutować, chciało mi się spać, więc tylko przytuliłem się do poduszki i zasnąłem.

Rano wstałem z ciężką głową, moja żona już się krzątała koło kuchni, dzieciska spały.

– Józuś, coś taki markotny – zapytała. – Może dzisiaj będziemy mieć więcej szczęścia i poczynimy jakieś plany.

Jednak dni mijały, roboty nie było, a dzieci snuły się smętnie po pokojach. To włączyły telewizor, to znowu radio, szukając nie wiadomo czego, bo i tak niczego nie rozumiały. Dopiero teraz pojęliśmy, co to jest bariera językowa.

Wreszcie kuzynka Irena przyszła z pracy z dobrą nowiną. Od drzwi już nadawała do mojej żony:

– Od jutra będziesz jeździć ze mną na sprzątanie *ofisów*. A jak tam nauczysz się dobrze sprzątać, to będziemy załatwiać *plejsy*.

Nie miałem pojęcia, co to są *plejsy*, ale nie pytałem, aby nie wyglądało, że to głąb z Polski przyjechał.

I żona poszła do pracy. Od tej dobrej wiadomości minął jakiś tydzień i któregoś wieczoru kuzynka mówi do mnie:

– Ubieraj się, dzisiaj pójdziesz z nami sprzątać *ofisy*. W szkole byłeś, to na pewno pamiętasz, jak wyglądają mapy.

– No jasne! – odburknąłem. Geografię mieliśmy w podstawówce, a czy ona ją liznęła, tego nie byłem pewny.

Do *ofisów* nie było łatwo się dostać, bo dzieci ukochanej kuzynki oddały auto do naprawy. Zaanektowały więc samochód matki. Szliśmy piechotą dobry kwadrans, potem skorzystaliśmy z metra. Przejechaliśmy *subwayem* kilka przystanków, wysiedliśmy i po dziesięciu minutach wojskowego marszu dotarliśmy na miejsce. Tu dopiero zobaczyłem, co to są te *ofisy*.

Miałem przed sobą duży i piękny biurowiec. Ileż musiał kosztować? Rany Julek, kto miał tyle pieniędzy? Nie wytrzymałem i zapytałem Irenę o firmę, która tu urzędowała. Odpowiedziała, że *insiurans*, po naszemu ubezpieczenia.

– Pieniądze naprawdę mają, tyle tylko że płacić za bardzo nie chcą. – Po czym zagadała na inny temat, znacznie jej bliższy. – No dobra, nie ma co strzępić języka, bierz się do roboty. My tu z Marią już obeznane, a ty jesteś nowy. Idź na koniec korytarza, tam po lewej stronie będzie szafa, to ją otwórz i przynieś mapy!

Idę tym korytarzem i myślę „Cholera, jaki długi, będziemy tutaj do rana sprzątać!". Wreszcie doszedłem do tej przeklętej szafy, otworzyłem i szukam tych map, a po nich ani śladu.

Wkurzyłem się na kuzynkę. Co ona wariata ze mnie struga? Nie miałem innego wyjścia, musiałem wrócić i się zapytać. Znalazłem je na drugim końcu korytarza, w dużym pomieszczeniu pełnym komputerów. Wyrzucały właśnie śmieci z koszy.

Kuzynka popatrzyła na mnie i zapytała:

– Józiu, gdzie masz mapy?

A ja na to z oburzeniem:

– Coś ty, Irenka, zwariowała? Tam nie ma żadnych map, stały tylko jakieś ścierki na kiju.

Obie naraz ryknęły śmiechem, czym wyprowadziły mnie całkiem z równowagi.

– Józuś, to są właśnie *mapy* – wyjaśniła Marysia, nie przestając się śmiać.

Chcąc nie chcąc, musiałem pożeglować po te nieszczęsne narzędzia pracy.

Skończyliśmy sprzątać około północy i Irena zadzwoniła do domu, prosząc, by ktoś po nas przyjechał. Pojawił się kuzyn swoim samochodem.

Wtedy po raz pierwszy zobaczyłem NY nocą. Ogromne wrażenie! Towarzyszyły mi uczucia zarazem podziwu, zaciekawienia i strachu. Podobały mi się duże, szerokie ulice, ładnie oświetlone, podziwiałem różnorodność zabudowań, a jednocześnie czułem lęk. Mogłem się tu zgubić, bo bez znajomości języka nawet o szalety nie potrafiłbym zapytać. Nie miałem jednak wyboru. Musiałem dostosować się do tego świata i nauczyć się w nim żyć.

Ubaw się zaczął, gdy wróciliśmy do domu, a Marysia zaczęła

14

opowiadać, jak to tato szukał map; dzieci się śmiały. Pomyślałem sobie: „Nie jest tak źle, pierwsze lody zostały przełamane".

Powinienem wspomnieć o tym, jak to pierwszy raz samodzielnie kupowałem chleb, po który wysłała mnie żona. Moja znajomość języka angielskiego ograniczała się do *good morning* i *hello*, *hey* i *bye*. Wyszedłem z budynku i rozejrzałem się za jakimś sklepikiem. Dostrzegłem witrynę dwie posesje dalej, na rogu ulicy. Wszedłem tam i jak przystało na człowieka światowego powiedziałem *bye* (do zobaczenia), co wywołało niejakie zainteresowanie moją osobą. Nie przejmując się, zacząłem szukać półki z chlebem. Czułem się trochę nieswojo, bo w sklepie same czarne ludy, a ja biały, tym niemniej odetchnąłem, gdy znalazłem wreszcie dział z pieczywem. I tu zaczął się dylemat. Tyle tu było gatunków chleba i bułek, że nie wiedziałem, co wybrać.

Ciemnej karnacji ekspedientka zapytała mnie o coś po angielsku. Popatrzyłem na nią i odruchowo powiedziałem:

– Ja Polako.

Powtórzyła „loko", z lekkim zdziwieniem podnosząc brwi i pokiwała ze zrozumieniem głową. Później dowiedziałem się, że w slangu *loco* znaczy: szalony, zwariowany, postrzelony, niespełna rozumu. Reszta kolorowych pópatrzyła na mnie z podobnym zrozumieniem, jeśli nie współczuciem. Kiedy szykowałem się do wyjścia, jeden z Murzynów, nie dając za wygraną, wręczył mi za darmo kolorowe czasopismo, po czym zabrał z mojej ręki pieniądze za chleb. Poklepał mnie po plecach i powiedział *bye*. Też powiedziałem *bye i* wyszedłem.

Dopiero na ulicy zobaczyłem, jakim pismem mnie obdarował. Trzymałem w rękach numer *Playboya*. Nie powiem, nawet mnie to ucieszyło, tekstu nie było za dużo, a obrazki całkiem sobie. Ukontentowany wróciłem do domu. Zainteresowana zakupami żona fuknęła na mnie, patrząc na to, co przyniosłem.

– Źle wybrałeś. Kupiłeś chleb tostowy, a my nie mamy tostera. A potem dorzuciła kąśliwie: – Co widzę, gazetkę dla siebie znalazłeś. To od tego chcesz zacząć edukację w Ameryce?

– Tyś już pewno była w Ameryce, to możesz się wymądrzać – odparowałem równie złośliwie.

Jak się potem okazało, Bolek miał trochę takich świerszczyków, ale dobrze schowanych. W przypływie dobrego humoru wyciągał je i mi je pokazywał.

Po dwóch tygodniach kuzyn załatwił mi wreszcie pracę przy demolkach. Dobrze zakarbowałem sobie pierwszą wypłatę. Jak tylko skończyliśmy robotę, chłopaki z brygady wzięli mnie do pubu. Pamiętam, że tam byłem, ale potem urwał mi się film. Jak się znalazłem w domu, tylko jeden Pan Bóg wie. I naturalnie chłopaki. Moja Marysia jeździła mi po głowie za ten wypad chyba z miesiąc.

Rozdział 4

Męskie słabostki

Zasuwaliśmy z żonką po dwanaście godzin aż miło, z myślą o tym, żeby zapewnić sobie lepsze jutro. W Polsce taki impet nie wchodziłby w grę. Czas płynął od wypłaty do wypłaty, czyli od piątku do piątku. Minęło kilka tygodni, a żona już prawie zapomniała, jak to koledzy urżniętego przynieśli mnie z pracy. Mogłem więc pozwolić sobie na kolejny numer. Któregoś piątku po wypłacie jeden z kolegów, Zdzisiek, zaproponował:

– *Joseph*, po robocie wybieramy się na go-go. To tutejszy striptiz – wyjaśnił. – Laleczki są takie, że paluszki lizać. Jesteś swój chłop, pójdziesz z nami, czy się żonki boisz?

Zawrzało we mnie. Odpowiedziałem, że muszę się zastanowić. Nie powiem, żebym się nie wahał. Chodziło mi po głowie ostrzeżenie żony: „Józuś, jak mi jeszcze raz taki numer wywiniesz, to będziesz się miał z pyszna. Pamiętaj, to jest wolny kraj, i ja też mogę robić, co zechcę. Na przykład znaleźć sobie ciekawsze zajęcie niż sprzątanie!".

Doskonale wiedziałem, co miała na myśli, jednak nie byłbym facetem, gdybym nie poszedł.

– No dobra – mówię – ale jak który szepnie coś mojej, to nogi z dupy powyrywam!

Ruszyliśmy więc pospołu na podbój świata. W sali chyba

17

z sześć rur do tańca, a przy każdej rozebrana panienka. Lale wyginają się w takty muzyki i pokazują swoje wdzięki. W Polsce tylko raz widziałem striptiz. Była to superokazja, bo mieliśmy zabawę karnawałową z zakładu pracy. Tutaj zaś mogłem, kiedy tylko chciałem, wyskoczyć na kilka piw i przypatrzeć się do woli zgrabnym dupciom. I to takim jak z żurnala. To ci dopiero Ameryka! Pomału zacząłem wpadać w rytm pracy, chociaż ciężko było jak cholera. Chłopaki z brygady demolkowej nie byli źli, czasem zdarli z człowieka łacha, ale ogólnie biorąc, nie można było narzekać. Marysia wciągnęła córkę do sprzątania, to i dziecko trochę grosza sobie zarobiło. Mieliśmy jednak wciąż ten sam kłopot. Ciągle mieszkaliśmy u kuzynostwa. Pewnego sobotniego wieczora zagadnąłem o to Bolka.

– Co myślisz o tym, żebyśmy wam zeszli z karku?

Z pozoru nie czuł się zaskoczony tym pytaniem.

– Myślałem, że jak zaoszczędzicie trochę dolarów – odrzekł – to pójdziecie na swoje. – I dodał: – Temat jest do omówienia. Przyjdą nasze baby z roboty, to uradzimy, co robić.

Zrobiło mu się jednak trochę markotnie.

– Niech się kuzyn nie stresuje, rozmowna woda otuchy doda – powiedziałem, wyjmując butelkę smirnoffa.

– Polej, Józik – zgodził się. – Niech się dzieje wola nieba, z nią się zawsze zgodzić trzeba!

Przy kieliszkach zaczęliśmy uzgadniać nasze poglądy w kwestii, w które rejony powinniśmy uderzyć w poszukiwaniu dobrego obiektu mieszkalnego.

W międzyczasie kobiety wróciły do domu. Maria się wkurzyła i powiedziała, że do takich decyzji trzeba podchodzić na trzeźwo. I że w moim stanie mogę sobie co najwyżej świerszczyki z dziewczynkami pooglądać, a nie o losach rodziny decydować. Krótko mówiąc, rodzinna debata zawisła w próżni. To znaczy, myśmy z kuzynem poszliśmy spać, a kobiety miały dokończyć rozmowy. Jeszcze raz się okazało, że w Ameryce dużo do gadania miał nie

18

będę. Cholerny świat, zaczęły się babskie rządy, wywnioskowałem i ułożyłem się do snu.

Rankiem obudziliśmy się z kuzynem prawie jednocześnie. Spotkaliśmy się w łazience.

– I jak tam? – zapytałem. – Nocka przeszła spokojnie?

– W zasadzie tak – odpowiedział. – Dzisiaj niedziela, po mszy pójdziemy na wspólny obiad, a potem przejedziemy się po okolicy, może sobie coś upatrzycie.

Przyszło mi do głowy, że niepotrzebnie wyskoczyłem z tematem mieszkania. Może nie należało przedwcześnie zrywać z kuzynostwem? Józuś, aleś namotał, skarciłem siebie, źle ci było pod wspólnym dachem? Przypomniało mi się, jak to w Polsce jednego z kierowników zdjęli ze stanowiska, a podwładny mu odpalił: „Byłeś na topie, a teraz ci gówno na głupi łeb chlapie". Może z nami nie będzie aż tak źle, powiedziałem sobie w myślach i z tym przeświadczeniem ruszyłem w kierunku kuchni.

Śniadanie przeszło spokojnie, za to droga do kościoła okazała się ciekawsza, bo dzieciska zaczęły głośno się zastanawiać, gdzie by chciały mieszkać.

Jedziemy, jedziemy, wyglądam przez okno, przed nami pejzaże Brooklynu, zaś siedzący za kierownicą kuzyn mężnie wraca do porzuconego tematu.

– Jak tak patrzę, Józiek, na to, ile zarobiłeś, ile mogłeś wydać i co ci zostało, to dochodzę do wniosku, że najlepiej by było, gdybyś znalazł coś tu, w Greenpoint. Został na miejscu. Nie uśmiechaj się, ta okolica ma wiele zalet. Po pierwsze, dogadasz tu się z każdym, bo to polska dzielnica. Jest tu ze czterdzieści tysięcy Polaków. Kolorowych nie ma tu tylu, co w innych dzielnicach. No, może za dużo Portorykańczyków. Po drugie, zapytać jest kogo, porozmawiać jest z kim, a i o zmianę roboty łatwiej. Oczywiście, można szukać gdzieś dalej. Nawet poza Brooklynem. Nowy Jork jest ogromny, w wolnym czasie możemy pojeździć i pooglądać.

Prawdę powiedziawszy, kuzyn miał rację. Nie byliśmy na tyle samodzielni, żeby zgrywać chojraków. Nie potrafiliśmy rozmawiać po angielsku, ani ja, ani żona, ani dzieci. Pociechy zaniedbaliśmy, myśląc o tym, żeby tłuc dolary. A powinny były myśleć o szkole.

Nie przychodziło nam z żoną do głowy, żeby zająć się poważnie ich edukacją. Trochę mnie to dołowało. Należało to zmienić, jednak póki co, nie wiedziałem jak.

Nasze dzieciaki sprzymierzyły się z rodzeństwem kuzynostwa. Radzili sobie pospołu naprawdę dobrze, o czym my, dorośli, nie mieliśmy zielonego pojęcia. Niespecjalnie się to mojej żonie podobało.

– Popatrz, Józik, my tu do pracy, a za naszymi plecami koalicja się tworzy. Bez naszego udziału. Mamy szczęście, że póki co, młodzi nas popierają, jednak dobrze wiesz, dzisiaj są z nami, a jutro mogą od nas się odwrócić. Pamiętaj, w jedności siła, bez względu na to, gdzie żyjesz i kto rządzi!

Miała rację. Jednak z drugiej strony patrząc, dzieci się usamodzielniały. Nie dawało się ich trzymać pod korcem. Pozostawione samopas, próbowały żyć po swojemu.

Kuzyn znalazł miejsce na parkingu i zawołał:

– Ferajna wysiadać, nadszedł czas zakupów!

Ledwo wysiedliśmy z vana, a już jakiś nieznajomy facet głośno krzyknął: „Bolek, kopę lat!" i wycałował go jak z dubeltówki Bolek nie miał wyboru. Niezdarnie wytarł policzek i dokonał prezentacji:

– Poznajcie się, to mój kolega ze szkoły, Kazik, razem uczyliśmy się angielskiego. A to moja rodzinka z Polski – wskazał na naszą gromadkę. – Przyjechali amerykańskiego chleba pokosztować. Co tu dużo gadać, Józik, ze swoją ferajną!

W pierwszej chwili pomyślałem, że mojej Marysi ten Kazik się nie spodobał. Nie odezwała się ani słowem, podając mu chłodno rączkę do ucałowania. Już byłem pewny, że tak zostanie, jednak babska natura nieoczekiwanie wzięła w niej górę. Złożony na ręce pocałunek poskutkował. Ożywiła się. Wskazała na siebie, żartobliwie mówiąc, że to ona jest tą piękniejszą połową Józika. A potem na dzieciska, które stały z boku lekko naburmuszone, chwaląc się, że to moje dzieło.

Kazikowi nie brakowało poczucia humoru.

– Witajcie, rodacy! Cieszę się, że was widzę na *shoppingu,* a nie w pracy! – Udało mu się złożyć całkiem przyzwoity dwuwiersz.

Spojrzałem na dzieciska i zobaczyłem że się uśmiechnęły, więc

20

pomyślałem sobie, że to jednak niezły gość. Dawał się lubić. Jaki naprawdę był, mieliśmy się wkrótce przekonać. Wtoczyliśmy się całą zgrają do centrum handlowego i zaczęliśmy się rozglądać. Cholera, ileż tam było wszystkiego! Nie sposób tego porównywać ze sklepami w Polsce. Kazik na okrągło nadawał. Nie przepuścił żadnej ładnej kobiecie. Rzucał jak mięsem zwrotami w stylu: „ale nogi", „cizia jak marzenie", „taką schrupać", „co za cycki".

Dostało się przechodzącej obok zgrabnej Mulatce, która szeroko się do nas uśmiechnęła.

– Rasowa dupa – hałaśliwie skomentował. – Taką bym przeleciał bez zmrużenia powiek. – I jęknął: – Józik, idę za nią w ciemno! To, co się potem stało, zostanie mi w pamięci do końca życia. Mulatka się zatrzymała, zajrzała w błękitne oczy Kazika i puściła wiązankę wartką polszczyzną:

– Facet, gdybyś był tak długi jak głupi, to mógłbyś księżyc na siedząco w dupę pocałować! Kto by chciał dla takiego źdźbła kombajn uruchamiać? Weź ty się obudź, albo zacznij się modlić o lekką śmierć, bo na rozum za późno!

Po czym obróciła się na pięcie i kiwając z wdziękiem biodrami, poszła dalej.

Boże, jaki obciach! Dzieciaki wiły się ze śmiechu. Kuzyn tak rechotał, że aż miał łzy w oczach. Nikt się nie spodziewał, że napotkana kolorowa seksbomba może mówić po polsku.

Kazik miał taką minę, jakby mu ktoś napluł w twarz i kazał podziękować, jednak zaraz się opanował. Spłynęło to po nim jak woda po kaczce. Ze złośliwą miną zapytał kuzyna:

– Bolek, jak myślisz, ona w szkole polskiego się nauczyła, czy jej mamuśka z naszym się puściła?

Kuzyn zachował kamienny spokój, nie zamierzając tego komentować.

Dopiero później dowiedziałem się, że po cichu chodzili na panienki lekkich obyczajów. Przez pewien czas pracowali razem. A pewnego wieczoru po pracy policja zgarnęła ich z ulicy. Za co? Za kontakty z prostytutkami. Twierdzili, że to był przypadek. Znaleźli się akurat w samym środku akcji. A zatrzymali się przy córach

21

Koryntu, by poprosić o ogień. Niestety, oprócz nich samych, nikt w tę niewinną wersję zdarzeń nie wierzył.

Podczas tego *shoppingu*, na całe moje szczęście, nie przesadziliśmy z zakupami. Rozglądaliśmy się głównie za ciuchami dla naszych dzieci.

Rozdział 5

Prawo jazdy i samochód

Żona zdecydowała, że muszę mieć prawo jazdy. W USA prawie każdy posiadał taki dokument. Był jak dowód osobisty.

– Bolek cię podszkoli, pokaże, jak się jeździ amerykańskimi autami, i po krzyku. Masz orientację, bo przecież w Polsce siedziałeś za kierownicą i miałeś na to papier. Potem sobie poradzimy z formalnościami!

Rad nie rad, zacząłem się uczyć jazdy po amerykańsku. Było tu o tyle łatwiej niż w kraju, że przed kandydatami nie stawiano wymogu ukończenia kursu. Irena użyczyła mi swojej toyoty, wsiadłem, kuzyn obok mnie. I ruszyliśmy jak na skrzydłach. Już na pierwszym skrzyżowaniu dowiedziałem się, jak tu jest ze stopem. Kuzyn spokojnie mi to objaśnił. Potem, że trzeba się trzymać swojego pasa ruchu. Straszył mnie mandatami, stanowiącymi uszczerbek w budżecie rodzinnym.

Szło mi nieźle, po kilku jazdach zacząłem czuć się pewnie i kuzyn zawyrokował:

– Jutro wsiądziesz do mojego vana. Jeździ się nim zupełnie inaczej niż małym wozem. Zresztą, co ci będę tłumaczył, sam zobaczysz.

Byłem podniecony, bo do tej pory nie prowadziłem tak dużej maszyny. Zapowiadało się ciekawie. Niecierpliwiłem się, nawet noc

23

mi się dłużyła i nie spałem za dobrze. Jakoś jednak doczekałem się popołudnia.

Usiadłem za kierownicą i od razu poczułem się jak panisko. Siedzenie było wyżej, więc tym samym dysponowałem lepszym polem widzenia. Tylko z nogami miałem kłopoty.

Pytam więc kuzyna:

– Bolek, jak się rusza z miejsca?

Udzielił mi szczegółowych wyjaśnień.

– Przyciśnij hamulec, pamiętaj, prawą nogą, o lewej lepiej zapomnij. Dobra, teraz przekręć kluczyk i po ptokach. Jak zdejmiesz nogę z hamulca, a będziesz miał auto na biegu, to będzie jechało samo, o tym też pamiętaj. Jak będziesz chciał stanąć, to najpierw zahamuj, a potem wrzuć na park. Jasne? – zapytał.

– Jasne – odpowiedziałem. – Jestem gotowy.

– No to dawaj – rzucił kuzyn.

Zastartowałem i ruszyłem z miejsca. Nawet dobrze nogi do pedału gazu nie przyłożyłem. Samochód jechał, i to dość szybko. Kuzyn spokojnym głosem powiedział:

– Weź, przyhamuj go trochę.

Wcisnąłem pedał hamulca, ale za mocno i głowa zatrzymała mi się na przedniej szybie.

Popatrzyłem na Bolka, który zaparł się nogami i rękami. Miałem najwyraźniej głupi wyraz twarzy.

– A nie mówiłem, abyś zapomniał, że masz lewą nogę? W tym samochodzie wszystkie czynności nożne wykonuje się prawą – przypomniał. – Zapamiętaj to, bo jak nie, to kiedyś narobisz sobie kłopotu.

Też wymyślili sobie, mruknąłem, u nich zawsze musi być coś na odwrót. Przejechaliśmy szczęśliwie kilka ulic i zawróciliśmy do domu.

Po kilku tygodniach byłem już przygotowany do egzaminu na amerykańskie prawo jazdy. Najpierw odbyła się rejestracja, a po niej miałem otrzymać listowne powiadomienie o terminie egzaminu.

Kiedy nadszedł ten dzień, odświętnie się ubrałem i razem z kuzynem udałem się do właściwego *ofisu*. Dopiero na miejscu dowiedziałem się, że najpierw czeka mnie tylko egzamin teoretyczny. Praktyczny miał się odbyć później. Nie obyło się bez zabawnej pomyłki. Pomimo powiadomienia, że pytania będą w języku polskim – taką opcję wybrałem – otrzymałem je w języku angielskim. Wyobraźcie sobie, sam w zamkniętej kabinie, niczym więzień w celi i znikąd pomocy! Przeglądałem w mieszkaniu pytania angielskie, dopóki kuzyn nie powiedział, że mogę zdawać po polsku, więc pomyślałem sobie, że nie będę robić tragedii. Zabrałem się do pracy. Po skończeniu testu, gdy już miałem wychodzić z kabiny, nadszedł kuzyn z pracownikiem, który przeprosił mnie za pomyłkę. Szybko zainstalował polską wersję. Nie mając innego wyjścia, odpowiedziałem też na pytania w języku polskim i wróciłem do poczekalni. Siedzieliśmy z kuzynem, czekając na wyniki. Po pół godzinie okazało się, że po angielsku zdałem lepiej niż po polsku, he, he. A to ci heca! Nie chciało mi się wierzyć. Zaliczyłem oba podejścia pozytywnie, więc pozostała mi tylko jazda ulicami Nowego Yorku w towarzystwie egzaminatora.

Zaczął się znowu okres wyczekiwania, tym razem na telefon. Ponieważ po zaliczonym egzaminie praktycznym robiono delikwentowi zdjęcie, przez cały czas woziłem ze sobą do pracy odświętne ubranie, żeby dobrze wypaść na fotografii. Od tego wożenia nieco się przybrudziło. Któregoś poranka żona obejrzała garnitur i koszulę i stwierdziła, że są brudne jak cholera. Zabrała je do prania. I miałem pecha. Bo właśnie wtedy zatelefonowano.

Akurat kończyliśmy demolkę jednego z obiektów. Trzeba było uporządkować teren i od gruzu bardzo się kurzyło. Kiedy zrobiliśmy sobie przerwę, przyszedł do mnie majster i powiedział:

– Zbieraj swoje klamoty, bo zaraz twój kuzyn przyjedzie po ciebie!

Umyłem ręce i czekałem. Wkrótce pojawił się Boluś i popędził mnie, nie bawiąc się w ceregiele.

– Wskakuj, jesteśmy spóźnieni, jedziesz zdawać egzamin praktyczny z jazdy, dzwonili do mnie godzinę temu.

Zaczął się wyścig z czasem. Po ryzykownej jeździe dotarliśmy na miejsce. Na szczęście, nie za późno. Zdążyłem załapać się na ostatnie miejsce na liście.

25

Kuzyn poklepał mnie po plecach dla dodania otuchy.

– Poradzisz sobie. Pamiętaj o lewej nodze – z naciskiem podkreślił – oni tu mają same automatyki.

Niech się dzieje wola nieba! Wsiadłem do samochodu i przeżegnałem się, na co mój egzaminator tylko się uśmiechnął. Ruszyliśmy z miejsca. Prowadziło mi się bardzo dobrze, jak nigdy dotąd, więc instruktor był zadowolony, a ja jeszcze bardziej od niego. Po powrocie usłyszałem:

– Gratuluję, panie Józefie, zdał pan. Teraz tylko zrobimy zdjęcie i może się pan rozglądać za kupnem samochodu.

Rozradowany kuzyn ucałował mnie z dubeltówki i rzekł:

– Józik wskakuj w te ciuchy, co ci je matka przygotowała, pstryk i pojedziemy do domu celebrować.

A ja w śmiech. Powiedziałem, że równy miesiąc woziłem garnitur na przebranie, a właśnie dzisiaj poszedł do prania.

Tak więc zdjęcie mam w ciuchach roboczych, a nie w krawacie, i nie mogę bezczelnie się chwalić, że pracuję w banku. Wracaliśmy, rozmawiając po drodze o tym, jak to życie płata figle. Choćby człowiek chciał, nie obywa się bez niespodzianek.

W domu wszyscy musieli skomentować to nieszczęsne zdjęcie. Oglądali, żartując, że widzieli taką mordę na liście gończym. Nie miałem o to do nich pretensji.

Marysia nie kryła zadowolenia i trudno się było jej dziwić. Prawo jazdy było niezbędne, bo gdzie by się człowiek nie ruszył, wszędzie o nie pytali.

– Wiesz, ile razy kuzynka była ze mną, aby twoje czeki zamienić? Konta w banku bez prawa jazdy też nie otworzysz.

Domyśliłem się wreszcie, dlaczego Bolek tak doskonale się orientował, co i gdzie kupowała Marysia. Nie mogła zrobić kroku bez Ireny.

Miałem ten cenny dokument, więc musiał wypłynąć temat kupna samochodu. Wspomniał o tym mój egzaminator, a w domu kuzynka.

– To jest dobra myśl – żywo podchwyciła żona. – Boluś pomoże ci wybrać. On się na tym zna, bo kiedyś u dealera czyścił samochody, to się ich naoglądał.

Należało kuć żelazo, póki gorące. Tak więc stanęło na tym, że w najbliższy weekend pojeździmy i się rozejrzymy. W sobotę ruszyliśmy na poszukiwania. Wtedy po raz pierwszy zobaczyłem, jak się robi biznes w Ameryce. Ledwo przekroczyliśmy próg dealera samochodów, a już trzech sprzedawców było przy nas, pytając, czy mogą nam pomóc, ile chcemy wydać, jaka marka, jaki przebieg, zresztą te informacje można było odczytać na tabliczkach informacyjnych samochodów. Ponieważ wszystkie konwersacje odbywały się tylko po angielsku, dałem palmę pierwszeństwa kuzynowi. Ja natomiast chodziłem i oglądałem, a wierzcie mi, było co oglądać. W ten oto sposób odwiedziliśmy kilka miejsc, ale – niestety – nigdzie nie mogłem się zdecydować. Wreszcie doszliśmy z Bolkiem do wniosku, że następnym razem weźmiemy nasze żony. Choć gusty mieliśmy przeważnie różne, to jednak decyzje zapadały szybciej.

Nadszedł następny weekend. W towarzystwie połowic ruszyliśmy na poszukiwanie wymarzonej maszyny. Jeden samochód, czwórka szukających. No, ale życie czasem dyktowało takie warunki. Ku memu zdumieniu, nasze żony orientowały się w sprawach motoryzacyjnych. Dzieliły się swobodnie uwagami o markach, przebiegu, rocznikach i aktualnych cenach. Nie wiem, jak to przyjmował kuzyn, bo na mnie działało przybijająco. Jeszcze raz się okazało, że w Ameryce kobiety są bardziej przebojowe. Mężczyźni bywali zagubieni, zwłaszcza gdy mieli tak spokojny charakter jak ja.

Trafiliśmy wreszcie tam, gdzie powinniśmy. Naszym małżonkom wpadł w oko dobrze utrzymany dziesięcioletni wóz, firmy Dodge, koloru brązowego. Była to znana i popularna marka w całej Ameryce. Miałem ochotę zaprotestować, ale Bolek był szybszy.

– Bierz, chłopie, to niedrogo, nie jeździsz szybko, w zupełności ci wystarczy.

Oczywiście, po niejakim czasie nie obyło się bez stłuczki. Nauczyłem się od znanego ze swych odzywek Kazia i od czasu do czasu żartowałem, że walnąłbym jakąś Murzynkę. O tym, że słowa się materializują, słyszałem nie raz, nie dwa, ale nie spodziewałem się, że w moim przypadku stanie się to tak szybko. Walnąłem Murzynkę. Niestety, dosłownie, czyli rąbnąłem w jej samochód. Wyruszyliśmy z małżonką i dwójką młodszych dzieci na wycieczkę po okolicy. Jedziemy sobie, jedziemy, nagle coś mnie zaintrygowało. Patrzę, a po mojej prawej ręce stoi duża ciężarówka, dosłownie jak wagon. Zagadałem na jej temat do małżonki i dzieci, nie zwracając uwagi na szosę. Chwila nieuwagi wystarczyła. Tuż przed nosem zobaczyłem auto, które najwyraźniej przecinało mi drogę. Z całej siły nacisnąłem na hamulec, niestety za późno. Stałem się sprawcą wypadku. Zamurowało mnie na amen. Żona w płacz, dzieciska w krzyk, ręce zacisnęły mi się na kierownicy.

Z uszkodzonego samochodu wysiadła gustownie ubrana Murzynka, obejrzała swój samochód, potem nasz, a wreszcie podeszła do mojego okna. Powiedziała po angielsku: *You, okay*. Odpowiedziałem: Wszystko w porządku! Szkoda tylko, że po polsku. Pamiętam, że popatrzyła na mnie ze zdziwieniem. Na szczęście, nasz mały Grzesiu zareagował najrozumniej i łamaną angielszczyzną nas wytłumaczył. Powiedział, że jesteśmy z Polski, a do tego biedni, że nie widzieliśmy znaku stopu, bo zasłoniła go nam ciężarówka, co było stuprocentową prawdą, i że to nie nasza wina. Murzynka sprawdziła to osobiście, po czym podeszła do Grzesia i pogłaskała go po główce. Zamieniła jeszcze dwa słowa z naszym synem, wsiadła do swojego samochodu i odjechała.

Ufff! Podziękowałem Panu Bogu za tę nauczkę. Mogło skończyć się dużo gorzej.

W minorowych nastrojach wróciliśmy do domu. Przed domem powitał nas kuzyn, który od razu zauważył, że mamy wgnieciony lewy bok i że brakuje nam z przodu lewej lampy. Wysłuchał naszej opowieści. I powiedział tylko tyle:

— Jeżeli to była Murzynka, która w dodatku nie poda was o odszkodowanie, to może to znaczyć tylko jedno: Pan Bóg ma was w swej szczególnej opiece.

Nie wiem, czy byłem w czepku rodzony czy też nie, ale od tamtej pory już nie mówię, że chciałbym walnąć jakąś Murzynkę. Przeszło mi jak ręką odjął.

Gdy opadły emocje, zacząłem się zastanawiać, jak to się stało, że mały Grzegorz dogadał się z tą damulą. Nie byłem tego w stanie pojąć. Zapytałem go wprost:

– Grzesiu, jakim cudem znasz angielski?

Dzieci chodziły na lekcje języka angielskiego już w Polsce, potem dokształcało ich kuzynostwo, a wreszcie zaczęły tuptać do amerykańskich szkół. I poszerzało się ich angielskie słownictwo.

Okazało się, że ja i żona byliśmy od prymitywnego zarabiania pieniędzy, a reszta rodziny, czyli nasi milusińscy, realizowała wyższe cele. Prawdziwie amerykańskie.

Rozdział 6

Pociechy i ich edukacja

Tak więc dzieciaki uczyły się angielskiego, co było godne najwyższej pochwały. Któregoś dnia obudził się we mnie jednak surowy ojciec, który postanawia wszystko sprawdzić, a zwłaszcza to, czy jego pociechy się nie lenią.

– A gdzie macie książki z tej szkoły, co to do niej chodzicie? – zapytałem od niechcenia.

– Podręczniki są tam, gdzie powinny być, to znaczy w szkole – rezolutnie odpowiedział Grzegorz.

Nie spodobało mi się to. Polskie dzieci przynosiły przecież książki i zeszyty do domu.

– Ty mi tu nie filozofuj, bo cię strzelę w łepetynę, to sobie przypomnisz, do kogo mówisz – warknąłem, uznając jego odpowiedź za wyraz arogancji.

Marcelka stanęła w jego obronie, dolewając oliwy do ognia.

– Ty go, tato, nie bij, bo pójdziesz do więzienia, jak się pani nauczycielka ze szkoły dowie. Jedną naszą koleżankę z klasy rodzice zbili, to jej tatę zamknęli, bo nauczycielka zgłosiła to na policję.

To już przechodziło ludzkie pojęcie.

– Co ty mi tu, dziecko, opowiadasz?! – zawołałem, załamując ręce. – Matka, chodź posłuchać tych rewelacji. Własnego dziecka nie masz prawa przywołać do porządku!

– Józuś, wiem o tym, bo w pracy kobiety opowiadały. Nie mówiłam ci, bo nie chciałam cię denerwować!

Poniosło mnie, gdy to usłyszałem.

– To jest polski dom i takie w nim będzie wychowanie – darłem się jak opętany. – A kto sobie zasłuży, to mu tak dupę strzepię, że po sądny dzień zapamięta! A jak się poskarży, to z tego domu won i basta! Jak jest wina, to jest i kara, zrozumiano? Wszyscy zgodnie przytaknęli, że pojęli. Wtedy odezwał się Grzegorz, wracając do punktu wyjścia:

– Tata mnie źle zrozumieli. Nie przynosimy książek do domu, bo nikt nie przynosi. Zostają w szkole, bo tam się odrabia lekcje.

Czas płynął szybko i minęło z pół roku od mojego wybuchu. Od przypadku do przypadku łowiłem uchem rozmowy dzieciaków. Powracały tematy komputerów, Internetu i Bóg wie czego jeszcze. Technika szła do przodu.

Któregoś dnia przychodzą do mnie Marcelka i Grzesiu, by zagadnąć o komputer. Poważne miny. Inne dzieci mają kompa, a oni nie. Poza tym te, które dysponują nim w domu, nie muszą odrabiać lekcji w szkole.

Stanąłem przed nowym wyzwaniem. Pomyślałem, że moje dzieci nie mogą być gorsze od innych.

– Skoro tak – mówię – to trzeba pieniądze z tygodniowego *owertajmu* na ten wydatek przeznaczyć. W sobotę ruszymy na sklepy, może coś znajdziemy.

No i nadeszła sobota. Marcelka i Grzegorz nie spuszczali ze mnie oka, czekając tylko na znak, że ruszamy do ataku. Zjedliśmy śniadanie.

– To jak? – pytam. – Macie jakieś namiary? Gdzie możemy kupić ten komputer?

Jako pierwsza – jak zwykle – odezwała się Marcelka.

– Grzesiu już od miesiąca śledził obniżki cen i ma na liście trzy sklepy, do których możemy się wybrać. Prawda, Grzesiu?

– Ano, prawda – odpowiedział brat.

– No to zbierajcie się i jedziemy – rozstrzygnąłem.

Do domu wróciliśmy koło piątej po południu, trzymając po paczce w rękach. Wróciliśmy bogatsi o komputer, a lżejsi o trzysta dolarów. Pomyślałem sobie, że technika jest droga. Za te pieniądze miałbym ze sześć wózków jedzenia, co wystarczyłoby nam na dwa tygodnie. No, ale jak się powiedziało *A*, to... zmówisz cały alfabet, Józiu, jak znam życie... – chciało się dodać.

Jednak zakup elektroniki okazał się niewypałem. Nie minęły dwa tygodnie, a Grzegorz przychodzi do mnie i mówi:

– Nie chcę tego komputera, nie działa jak powinien. Coś mu brakuje, nie wiem co. Ale nie martw się, on ma polisę, można go zwrócić do trzydziestu dni, a w tę sobotę będzie dopiero czternaście.

O tym, jak bardzo się Grzegorz mylił w sprawie tego zwrotu, dowiedziałem się dopiero na miejscu, w sklepie. Sprzedawca nie przyjął towaru i nie oddał pieniędzy. Kiedy Grzegorz mi to powiedział, wściekłem się. Myślałem, że mnie cholera weźmie. Wywołałem awanturę. Nadawałem podniesionym głosem, a Grzegorz robił, co mógł, aby przetłumaczyć to na angielski. Efekt był taki, że wezwano policjanta, a ten niegrzecznie wyprosił nas ze sklepu.

– Chodź, synu, nic tu po nas, ten komputer to może się przyda jako klatka na chomika – podsumowałem z sarkazmem. – Widzisz, tak wygląda kapitalizm. Jeżeli nie wiesz, co dokładnie chcesz kupić, nie znasz dobrze produktu, to zrobią z ciebie głupa. Zapamiętaj to sobie, trzysta dolarów na straty. Następny komputer sobie zafundujesz, jak na niego zarobisz.

Nawet się nie spodziewałem, jakie prorocze słowa wypowiedziałem. Bo moje młode rozglądały się już za pracą.

Nie minęły dwa miesiące, a Marcelka z Grzegorzem znowu do mnie uderzyli.

– Tatuś, sama jestem za młoda, ale Grzegorz osiągnął już ten wiek, w którym można rozwozić gazety do domów. Będę mu pomagać, a on podzieli się ze mną pieniążkami, które zarobi. Prawda, Grzesiu?

– Prawda! – potwierdził brat.

Nie byłem pewny tego, czy powinienem się zgodzić.

– Słuchajcie dzieci, gazety roznosi się w soboty i niedziele rano, a przecież w niedzielę idziemy wszyscy do kościoła!

– Niech się tato nie martwi, poradzimy sobie – usłyszałem w odpowiedzi.

Ścisnęła mi gardło smutna myśl. Niedziela przestała być dniem świętym. I z wypoczynku wypadła. U świętego Piotra miałem przechlapane. Te gazety trzeba było poukładać, zapakować, przewieźć. Ulica miała osiemdziesiąt domów. Wystarczyłoby, żeby tylko połowa ludzi złożyła zamówienia, a już byłoby ze trzy godziny biegania. Wstać o siódmej trzydzieści, o ósmej zacząć rozwozić, o jedenastej skończyć, bo na dwunastą do kościoła. Potem zabrać się za gotowanie obiadu – i już po niedzieli.

– Niezła ci się przyszłość kroi, Józiu, oj, niezła! – rzekłem do siebie. Kiedy kładliśmy się do łóżka, żona zapytała, dlaczego jestem taki markotny. Powiedziałem jej o planach najmłodszych pociech. Jednak stanęła po ich stronie, obiecując pomoc.

– Nie przejmuj się, dzieciska przyzwyczajają się do dolara. A pracę polubią, bo bez dolara, to tak jak i bez pracy, nie będzie kołaczy. Ja zajmę się śniadaniem i przygotuję z rana obiad. A jak wrócimy z kościoła, to dokończę. Zjemy i będziemy mieli wolne.

– Aż do kolacji? – skwitowałem z udawanym zachwytem. Nie tak to sobie wcześniej wyobrażałem.

33

Rozdział 7

Kung-fu, bójka w szkole i cztery kółka

Czas płynął nieubłaganie i dorobiliśmy się wreszcie własnych czterech kątów. Zeszliśmy kuzynostwu z głowy, tym niemniej nadal pozostawaliśmy w zażyłych stosunkach. Rodzina to rodzina. Któregoś dnia przyszedł do mnie Wacuś i pyta:

— Tato, chciałbym się uczyć kung-fu. Co o tym sądzisz?

Nie powiem, żebym nie cenił sprawności fizycznej.

— Niezła myśl — odrzekłem. Zaraz jednak zorientowałem się, że nie pyta mnie bez przyczyny. — A kto cię będzie woził na zajęcia? — zapytałem. — Na pewno nie ja, bo jak wiesz, zaczynam pracę o szóstej rano, a kończę o siódmej wieczorem.

— Już to przemyślałem. Mama jeździ do pracy na piątą po południu, będzie mnie zawozić. A ty przywozić. Moje zajęcia kończą się o siódmej trzydzieści. Będziesz mnie zabierać w drodze powrotnej z pracy. Co ty na to?

Dobrze to sobie wymyślił. I co miałem mu odpowiedzieć? Był moim pierworodnym, najstarszym dzieckiem i nie mogłem mu odmówić. A poza tym chłopak musiał się umieć bronić, świat był taki brutalny.

Doszedł mi w ten sposób nowy obowiązek. W każdy poniedziałek, środę i piątek zabierałem syna po pracy do domu. Chodziło

34

mi po głowie, że można temu jakoś zaradzić. Recepta była prosta. Należało Wacusiowi kupić używany samochód. Mieliśmy zresztą z Bolkiem już taki na oku. Sprawy nabrały tempa, gdy doszło do awantury w szkole. Któregoś dnia po robocie widzę, że z moim Wacusiem coś złego się dzieje. Myślami jest nieobecny, milczący i wygląda jak zbity pies. Zacząłem coś podejrzewać.

– Synek, co tam? – pytam.

Powiedział, że nic, więc zacząłem nalegać.

– Dobra, dobra, nie picuj. Chodź tu do mnie, bo komu powiesz, co ci doskwiera, jak nie ojcu. Chyba że pójdziesz do matuli, to cię przytuli...

Zapadła cisza. Po dłuższej chwili Wacuś się odezwał:

– Chłopaki w szkole chcieli mnie zmusić do palenia marihuany i próbowali mnie wygrzmocić. A teraz wszyscy się ze mnie śmieją i wytykają mnie palcami. Polak i maminsynek jestem. Co ty byś zrobił na moim miejscu?

Zacisnąłem w gniewie pięści.

– Wacuś, czy twój trener kung-fu mówił ci, że rozmawiał ze mną? Chwalił cię. Twierdził, że jesteś zdolny, że czynisz postępy i że chciałby cię mieć w swojej drużynie.

– Mówił – odpowiedział.

– Znakomicie. To teraz ci powiem, co ja bym zrobił na twoim miejscu. – Rozkręciłem się i nadawałem: – Wybrałbym największego cwaniaka z tych, co się do ciebie przyczepili, i taki wpieprz mu spuścił, żeby schodził mi z drogi, gdy tylko mnie ujrzy. Synu, po co ja, kurwa, wywalam forsę na kung-fu? Czy po to, żeby cię każdy w mordę mógł bić?

Na reakcję nie czekałem długo. W piątek Bolek przyjeżdża do mnie w porze lunchu i mówi:

– Józik, musimy się wybrać do szkoły, do dyrektora, Wacek nabroił.

Nie było innego wyjścia, rodzic musiał stawić się na wezwanie. Pojechaliśmy. Dyrektor nas oczekiwał. W gabinecie stał Wacek. Był cichy jak trusia, bo nie wiedział, czym to się skończy.

Najpierw zabrał głos dyrektor. Okazało się, że mój synalek po-

35

bił trzech kolegów z klasy, w tym jednego dotkliwie, co bardzo go zdziwiło, bo dotąd Wacek miał dobrą opinię. Nauczyciele przedstawiali go w korzystnym świetle. Mówili, że jest inteligentny, pilny i nieźle radzi sobie z angielskim, który jest – bądź co bądź – obcym dla niego językiem. A tu taka nieprzyjemna historia. Potem ja zabrałem głos, a Bolek tłumaczył. Wyjaśniłem dyrektorowi, że chłopacy próbowali zmusić mojego syna do palenia trawki i dokuczali mu w autobusie. Dochodziło z ich strony do rękoczynów. Dyrektor z uwagą wysłuchał mojej relacji, nic o tym nie wiedział, po czym zapytał Wacka, czy to prawda, a chłopak potwierdził. Krótko mówiąc, rzuciliśmy nowe światło na tę sprawę. I to skutecznie.

Kończąc rozmowę, dyrektor poprosił Wacka, żeby nie dał się więcej sprowokować. Powiedział, że ma własne metody, by uspokoić wzburzone umysły młodzieży. I rozstaliśmy się. Krótko mówiąc, rozeszło się po kościach. Wychodziliśmy ze szkoły. Puściliśmy Wacka przodem. Bolek trącił mnie łokciem i puścił do mnie oko.

– Ale masz chłopaka!– powiedział z podziwem. – Twardziel, jak się patrzy. Nie dał sobie w kaszę napluć.

– A jak! – z dumą potwierdziłem. I zażartowałem, pokazując zęby: – Jak mi podskoczysz, to mu się poskarżę, a on już będzie wiedział, jak cię nauczyć pokory!

Roześmialiśmy się, ucieszeni, że tak się skończyło, i odwieźliśmy Wacka do domu. Potem Bolek odtransportował mnie do pracy. Na odchodne powiedział, żebym zadzwonił do żony i powiedział jej, że wrócę później. Zaprosił mnie na kolację. Mieliśmy obgadać, jaki samochód Wackowi kupić. Trzeba było się spieszyć, bo autobusem z draniami ze szkoły nie mógł więcej jeździć.

Po robocie zajechałem do Bolka. Czekała kolacja, stały wódeczka i schłodzone piwo. Sporo się wydarzyło w ciągu tego popołudnia i było co uczcić.

Kuzyn wzniósł toast, uderzając w wysokie tony.

– Józiu, wypijmy za zdrowie Wacka! Odezwała się w nim dusza polskich przodków, którzy „za wolność naszą i waszą" krew przelewali!

36

Wypiliśmy i dodał:

– Nie musisz się bać o niego. Jak opowiedziałem o tej historii moim chłopakom w brygadzie, to trzech od razu obiecało, że wesprą Wacusia. Ich synowie chodzą do tej samej szkoły, są w starszych klasach, więc roztoczą nad nim parasol ochronny.

Następnego dnia mieliśmy zjeść wspólny rodzinny obiad, zatem po samochód należało się wybrać z rana. Umówiliśmy się na dziewiątą. Jak ustaliliśmy, tak też zrobiliśmy. Wzięliśmy Wacka i ruszyliśmy w drogę. Wspólnie wybraliśmy ośmioletniego chevroleta. Samochód był duży i bezpieczny. Miał tylko jedną wadę, nie rozwijał prędkości większej niż sto trzydzieści mil na godzinę. Jak się okazało, pochodził z demobilu policyjnego. Ładnie wyglądał, czysty i niebieski jak kolor nieba.

Należało wracać. Zaczęliśmy się zastanawiać, kto pojedzie którym. I kto weźmie Wacusia. Bolek był dumny z transakcji i chciał poprowadzić chevroleta. Wydawało mi się, że mam pierwszeństwo, bo byłem ojcem.

Chłopak usłyszał naszą rozmowę i dokumentnie nas zaskoczył.

– Sam pojadę tym kupionym, nie ma o co kruszyć kopii, bo od sześciu miesięcy mam prawo jazdy.

Na dowód tego, że mówi prawdę, pokazał nam je z dumą. Rozdziawiłem gębę ze zdziwienia. Znowu coś się działo za moimi plecami, o czym nie miałem zielonego pojęcia.

– Koledzy użyczali mi kierownicy, więc się podszkoliłem – wyjaśnił.

– Dobra – mówię – ale skąd wziąłeś pieniądze na prawko?

– Mama mi dała – przyznał się bez bicia. – Zgodziła się, żebym zapisał się na kurs. Organizowali tańszy w szkole. Powiedziała mi również, że jak zdam egzamin, porozmawia z tobą o kupnie samochodu.

Cwane zagrywki. Pomyślałem sobie, że też nic nie powiem o nowym nabytku. Niech sami zobaczą Wacka za kierownicą.

Syn pojawił się trzy kwadranse przed obiadem, podjechał pod okna i zatrąbił. Pierwsza zauważyła go Marcelka. Drze się:

– Mamo, Wacek ma samochód!

Wyrwała się z Grześkiem, żeby go obejrzeć, a za nimi poszła Marysia. Najmłodsze z ciekawością oglądały chevroleta. Żona zaś wróciła, podeszła i pocałowała mnie, a potem się rozpłakała. Miała pewne obawy.

– Józuś, mój Boże, jak my go spłacimy, to spore koszty?

– Nie martw się, jest już spłacony.

Opowiedziałem, jak to Bolek znalazł dealera i zrobił *deal*, a ja kupiłem wóz za dwa *owertajmy*, bo odkładałem od pewnego czasu. Trochę za szybko to się stało, ale nie można było dłużej zwlekać, szczególnie po zajściach w szkole.

Żonie spodobało się to, jak Wacek wymierzał „sprawiedliwość dziejową" w budzie. Powiedziała, że zuch chłopak. Zgodnie z obietnicą, Bolek przyszedł do nas na obiad z żoną i dziećmi. Potem dzieciaki wybrały się na przejażdżkę, by sprawdzić, jak się sprawuje nowy wóz. Ja zaś z kuzynem zasiadłem przy piwku przed telewizorem, żeby obejrzeć mecz.

Karolina była druga po Wacku w kolejce po własne cztery kółka. Jadąc do pracy, zastanawiałem się niekiedy nad córką. Należał się jej samochód jak nic. W szkole zbierała same pochwały, była pilna, pracowita, a na dodatek coraz ładniejsza i zgrabniejsza. Coś mi mówiło, że w związku z tą „panną na wydaniu" będę mieć niedługo urwanie kapelusza. Byłem ciekawy, co nam przyniesie los. A ten znowu okazał się łaskawy.

Któregoś dnia po rozwiezieniu gazet Grzegorz przychodzi do mnie i mówi tak:

– Tato, jest okazja, by kupić samochód. To dodge za śmieszne pieniądze.

– Skąd wiesz? – zapytałem.

– Rozmawiałem z taką starszą panią, była kiedyś nauczycielką. Bardzo mnie lubi i daje mi zawsze pięć dolarów *typa*. Obiecała mi, że jeśli to dla mnie, sprzeda go za pięćset dolarów. Przyszło mi do głowy, że byłby dobry dla naszej Karolci. Dobrze się uczy, pójdzie na studia, to musi przecież czymś jeździć.

– Rezolutny chłopak z ciebie, mądrze to sobie wymyśliłeś, jestem z ciebie dumny – powiedziałem i poklepałem go po plecach.

Wtedy odezwała się moja żona.

– Może coś w tym jest? Józuś, chciałabym zobaczyć ten wóz, mam trochę uskładane. A gdybyśmy go kupili? Mogę dalej jeździć z kuzynką. Grzegorz ma rację, Karolci samochód jest bardziej potrzebny niż mnie.

Grzesiu widząc, że matka stanęła po jego stronie, kuł żelazo póki gorące.

– Możemy od razu pojechać, to niedaleko – kusił.

– Dobra – zgodziłem się. – Zbierajcie się, jedziemy.

Zabraliśmy ze sobą Marcelkę. Zajechaliśmy przed ładnie utrzymany dom, patrzymy na samochód. Jest w dobrym stanie. W drzwiach pojawiła się starsza pani i zaczęła rozmawiać z Grzegorzem. Weszła do domu i za chwilę wróciła z kluczykami. Otworzyła przed nami wóz. Trzeba powiedzieć, że wyglądał schludnie. Czyste siedzenia, kierownica, chodniczki odkurzone, tylko uruchomić i jechać.

Na wszelki wypadek zwróciłem się do żony:

– I co o tym myślisz? Bierzemy?

Odpowiedziała bez chwili wahania.

– Skarbie, za takie pieniądze, to nawet nie pytaj.

W ten nieoczekiwany sposób Karolcia, nawet o tym nie wiedząc, stała się właścicielką samochodu.

Z niecierpliwością oczekiwaliśmy na powrót córki z pracy. Załapała się w sieci Burger King, gdzie sobie dorabiała na godziny. Nagle uświadomiłem sobie, że nie wiem, czy dziewczyna ma prawo jazdy. Dziwne, jakoś wcześniej nad tym się nie zastanawiałem. Żona jakby czytała w moich myślach.

– Karolcia zrobiła prawo jazdy wtedy co Wacuś, sama im płaciłam, to pamiętam. To miała być dla niej nagroda za to, że tak dobrze się uczy, a dla ciebie jeden stres mniej. Przecież ty, biedaku, niekiedy nie masz czasu odpocząć.

Co prawda, to prawda – pomyślałem i pocałowałem ją w czoło, mocno tuląc do siebie. Zachichotała.

– Uważaj, bo połamiesz mi kości.

Wreszcie się doczekaliśmy. Karolcia wróciła zmęczona. Trochę nadąsana mówi:

- Ktoś się wpieprzył na nasz parking niebieskim samochodem. Ludzie powinni nauczyć się parkować.

Trudno, żebyśmy nie gruchnęli śmiechem.

- O jakim samochodzie mówisz? Pokaż nam! – powiedziała Maria, udając niebotyczne zdziwienie.

Karolcia dała się wrobić.

- Dobra, chodźcie.

Ruszyliśmy za nią, ciekawi jej reakcji. Po kryjomu podałem Marii kluczyki. Żona obejrzała samochód, a potem zwróciła się do Karoliny:

- Po cholerę się wściekasz? Naprawdę nie pamiętasz, gdzie parkujesz SWÓJ samochód?

Karolcia zdębiała do reszty.

- Co jest grane? – zapytała. – To mój?

Maria podała jej kluczyki. Boże, jak się dziecko cieszyło! Tego się nie spodziewaliśmy. Przez chwilę zachowywała się jak uszczęśliwiona podarkiem mała dziewczynka. Wycałowała nas wszystkich, wsiadła do samochodu i się popłakała. A i mnie zakręciła się łezka w oku.

Rozdział 8

Amerykańskie pokusy

Pewnego wieczoru siedzieliśmy z Bolkiem przy piwie, gadając o tym i owym. Któryś z nas wpadł na pomysł, żebyśmy zagrali w lotto. Długo się nie namyślając, wsiedliśmy do samochodu, przekuwając słowa w czyn. Ja za kierownicą, Bolek z tyłu jak basza. Podjechaliśmy do małego sklepiku. Wychodzę, by kupić kupony. Wracam, zapalam silnik. A tu niespodzianka! Drzwiczki się nagle otwierają i na przednie siedzenie pakuje mi się młoda, skąpo odziana Murzynka. Patrzy na mnie tak, jakbym się z nią pieprzył od lat. Powiało kobiecą zmysłowością. Coś mi tłumaczy, czego nie rozumiem. Słyszę, że Bolek z tyłu się śmieje.

Czuję się wkurzony i pytam:

– Czego, kurwa, rżysz? Mów, o co jej chodzi.

Bolek wyjaśnił, że laska potrzebuje pieniędzy. Ale nic nie chce za darmo, zrobi mi loda.

Poniosło mnie nie na żarty. Targany sprzecznymi uczuciami, spanikowałem i ruszyłem ostro do przodu. Wydawało się, że zatrzymam się dopiero przy posterunku policji, znajdującym się ze dwie mile od sklepiku.

Bolek zagadał do panienki, a ona zaczęła krzyczeć: stop, stop, stop.

– Józiek, zatrzymaj się, pani chce wysiąść – usłyszałem jego z lekka wzgardliwy głos. – Przecież nie wyskoczy w biegu.

Zatrzymałem się, czarna dziewczyna czym prędzej wysiadła i znikła nam z oczu.

Przeżyłem szok i długo nie mogłem się opanować. Nie byłem przyzwyczajony do takich scen. Przyjechaliśmy do domu i usiedliśmy przy stole. Ręce mi się nadal trzęsły. Bolek patrzył na mnie z politowaniem. Nie tracił stoickiego spokoju. W końcu rzekł:

– Józek, polej po jednym, bo takie tremolo zapierdalasz na stole, że nie mogę tego słuchać.

Drżącą ręką nalałem po pół szklaneczki i nie czekając na Bolka, wypiłem do dna.

Cóż było robić, zaczął ze mną rozmawiać jak z nieopierzonym małolatem.

– Czego się tak denerwujesz, przecież „ładna chłopaka jesteś", dziewczyna sobie pomyślała: zarobię trochę, a i tobie będzie przyjemnie. – I gorzko dodał: – Serca do ludzi, Józiek, nie masz, oj, nie masz!

Rozlałem znowu i kuzyn zaczął snuć swoją opowieść.

– Wiesz co, Józiek? Twoja dzisiejsza przygoda to betka w porównaniu z moimi przebojami. Gdyby moja żoneczka wiedziała, co wyczyniałem, do dzisiaj kołki na głowie by mi ciosała. Wydarzyło się to dawno temu, może rok lub dwa po tym, jak przyjechaliśmy z Polski. Byliśmy młodzi, człowiek nie znał tutejszych obyczajów. Chłopacy się żenili. Tutaj jest zwyczaj wieczoru kawalerskiego, na który wypada przyjść, jeśli dostanie się zaproszenie.

Poszedłem na taki wieczór. Goršc był pieroński, więc wybrałem się w krótkich spodenkach. Jak się okazało, nie tylko ja byłem ubrany na luzaka. Józik, polej, bo na samo wspomnienie język mi zasycha!

Nalałem skwapliwie, gdyż opowieść kuzyna zaczynała mnie wciągać. Była z życia wzięta. Bolek wypił i kontynuował:

– W sali półmrok, muzyka disco, stoły szwedzkie z piwem, wódkami i zakąską na zimno. Po północy miał być gorący bigos. Przeważali mężczyźni. Na środku stał duży stół. Nikt nikogo o nic nie pytał, każdy pił i jadł, co chciał. W końcu sali widać było małą scenę z jednym krzesłem po środku i pozostałymi po bokach.

Nie minęło pół godziny, a zaczął się *erotic show*. Wynajęte girlsy wychodziły na stół, oferując zmysłowy taniec z gorącą choreografią i striptizem. Trzeba powiedzieć, że były ładne, zgrabne i robiły to z gracją. Jedna z tych dziewczyn zaprosiła mnie potem do tańca. Kręciliśmy się chwilę, po czym ujęła mnie za rękę i pociągnęła w kierunku sceny. Zaczynała się druga odsłona ich występu. Usadowiła mnie na krześle i zaczęła się wdzięczyć. Pofrunęła jej bluzeczka, a potem biustonosz. Jej zapierające dech kształtne piersi zabujały przed moimi oczami i poczułem, jak spodenki mi się podnoszą. Przysiadła na moich nogach i zdjęła mi koszulę. Potem odwróciła się do mnie tyłem i kołysząc biodrami dobrała się do moich skarbów. Gibka jak cholera! Przez rozgrzaną głowę przepłynął mi huragan myśli. Poczułem, jak mój napięty wacek wślizguje się do jej mokrej szparki. Już go nie wypuściła. Zdrętwiałem, bo ludzie na nas patrzyli. Jak zaczarowani. Tańczyła na nim, doprowadzając do eksplozji. Po dwóch minutach było po wszystkim.

Chciałem, by zeszła mi z kolan, ale odwróciła do mnie głowę i szepnęła niezdarną polszczyzną:

– Ja też chcę mieć przyjemność z ta zabawa.

Jeszcze chwilę się powyginała, potem posiedziała w bezruchu, jakby pragnęła ochłonąć, wreszcie poprawiła włosy i zgrabnie się zsunęła. Pokiwała mi ręką na pożegnanie i odfrunęła.

Umknąłem ze wstydem do łazienki, chcąc się doprowadzić do porządku. Wynajęte panienki nie próżnowały, robiły swoje, a moje miejsce na scenie zajął kolejny facet.

Zbyt byłem wstrząśnięty, by czekać na gorący bigos. Wsiadłem do samochodu i ruszyłem. A kiedy już dobrze wyschłem, wróciłem do domu – zakończył opowieść.

Z niedowierzaniem pokręciłem głową. Nie sądziłem, że kuzyn był zdolny do takich numerów.

– Jak widzisz, Józiu, nie jest łatwe życie cudzoziemca tutaj – spointował Bolek tę przygodę. – Co kraj, to obyczaj!

Wypiliśmy jeszcze po jednym i zapytałem:

– Dużo masz jeszcze w głowie takich historii?

Skinął głową.

- Opowiem ci więcej, ale nie dzisiaj. O Waldku. W następną sobotę. Muszę jechać do siebie, trzeba kiedyś spać, bracie. Pożegnał się ze mną. Powiedział „cześć" i wyszedł. Przyznam się, że czas mi się dłużył jak cholera, tak byłem ciekawy nowej relacji. W sobotę rano zadzwonił i zaprosił mnie na drugą. Kobiety wcześniej umówiły się, że pobiegają po sklepach, a od kuzynostwa było im bliżej. Ogoliłem się i pojechałem. Uśmiechnięty Bolek otworzył mi drzwi.

- Siadaj, jest mecz w telewizji, to przy okazji obejrzymy. Mamy zakąski, Irena z Marią przygotowały. Pewnie zabawią troszkę dłużej. Wzniósł toast za dawne czasy. Wypiliśmy i zaczął.

- Kumplowaliśmy się w kilku. Znaliśmy się jak łyse konie i żaden nie miał przed kolegami tajemnic. Wszyscyśmy wiedzieli, że Waldusiowi mały przestał stawać. Chodził jak struty, markotny i przybity. Jego niedorżnięta żona była kąśliwa jak osa. Nie mieliśmy pojęcia, jak mu pomóc. W końcu przyszło nam do głowy, żeby zaciągnąć go na wieczór kawalerski i napuścić na niego rozneigliżowaną panienkę. Może była mu potrzebna odmiana? Jurek, jako najbardziej wyszczekany, podjął się na miejscu pertraktacji. Zagadał ze zgrabną blondynką, taką że palce lizać, wrócił do nas i z ulgą wyznał, że załatwił z nią jak trzeba. Zielone przeszły z ręki do ręki. Wobec tego wypiliśmy za zdrowie Waldusia. Ten wychylił z nami kieliszek, nie podejrzewając, co go czeka.

Panieneczki zaoferowały zmysłowy i uwodzicielski pokaz tańca. Wreszcie nadeszła oczekiwana chwila. Zamarliśmy z wrażenia. Przygruchana blondynka złapała Waldka za rękę i wdzięcząc się do niego zaciągnęła go na krzesło. Byliśmy ciekawi, czy poradzi sobie z tą kłodą drewna. Oj, nie trwało to krótko! Dziewczyna ciężko pracowała kształtnym tyłeczkiem i wydawało się nam, że w końcu spasuje.

Nie wypadało stać i bezczelnie się gapić, więc poszliśmy do stołu z zakąskami. Z duszą na ramieniu czekaliśmy na kolegę. Było nam trochę głupio. Obawialiśmy się, czy przypadkiem nie przeholowaliśmy.

Wreszcie Walduś wraca. Oczy ma rozmarzone, twarz radosną, promieniuje zadowoleniem.

– No i jak tam było? – niby od niechcenia pyta Jurek.

– Super, ta Carol to profesjonalistka. Kiedy skończyła, pocałowała mnie w czoło i powiedziała: To był ostry seks, Nunek! Parsknęliśmy śmiechem. I tak to Walduś został Nunkiem. Blondyna była polskiego pochodzenia, więc ciężko było przetłumaczyć tego Nunka na angielski. Tak to, Józiu, jest! Nigdy nie wiesz, na kogo trafisz, ale co tam! Wypijmy za zdrowie Waldka i za to, żeby nam się podobne kłopoty nie przytrafiły! Kończyliśmy flaszkę, gdy zadowolone i uśmiechnięte dziewczyny wróciły. Nigdy nie rozumiałem kobiet. Nie pojmowałem, jak można było cieszyć się z tego, że bez końca chodziło się po sklepach. Ale cóż! One też nie rozumiały facetów.

45

Rozdział 9

Takie tam różności

Karolcia zdała na studia medyczne. Była już niemal dorosłą osobą i od pewnego czasu chodziło mi po głowie, że powinienem z nią porozmawiać na tematy męsko-damskie. Dbający o swe pociechy rodzice to robili. Dzieciaki należało uświadamiać i w związku z tym usiłowałem sobie ułożyć w łepetynie odpowiednią gadkę. Należało zacząć od kwiatków i motyli. Pyłek i pręciki. W niedzielę po powrocie z kościoła zjedliśmy obiad, a moja żona zaproponowała, żebyśmy się wybrali na polski piknik.

– Dzisiaj jest spotkanie na polance, to w gruncie rzeczy nie tak daleko, parę mil stąd. Zadzwonię do Bolka, może oni też by poszli, a przy okazji wzięli kogoś ze sobą.

– Dobra – odpowiedziałem. – Zadzwoń.

Dzielnica Greenpoint, na co wskazywała zresztą jej nazwa, była „zielonym punktem" i nie brakowało w niej parków, wykorzystywanych na różne towarzyskie imprezy.

Akurat przechodziła Karolcia, więc pomyślałem, że to dobry moment, aby z nią porozmawiać. Zagadnąłem:

– No i jak tam, Karolciu, wszystko w porządku?

– Tak, a co ma być?

Wziąłem głębszy oddech, przymierzając się do stojącego przede mną zadania.

– Ja tylko tak pytam, tak szybko mi urosłaś, że do tej pory nie

46

zdążyłem zapytać. Jak tam u ciebie z tymi sprawami, no wiesz, męsko-damskimi?

Uśmiechnęła się figlarnie i odpaliła:

– Mama w moim wieku była w ciąży z Wackiem, nie pamiętasz?

Zrobiło mi się głupio.

– Nie chciałbym, żeby ktoś cię skrzywdził.

Zmyła mnie bez chwili wahania.

– Niech się tatuś nie martwi, bo nie będzie mógł spać po nocach, albo będzie tatę głowa bolała.

Pocałowała mnie w policzek i tyle ją widziałem. Teoretycznie biorąc, miałem problem z głowy. Wykazałem się dobrymi chęciami, więc od biedy lekcję edukacji seksualnej mogłem uważać za zaliczoną. Nie wyszło, trudno. Postanowiłem o niczym nie wspominać żonie. Niestety, dowiedziała się w mig wszystkiego od Karolci. Podeszła do mnie i mówi:

– Józuś, o takich rozmowach trzeba było myśleć, kiedyśmy tu przyjechali, albo i wcześniej, a nie teraz, kiedy Karolina została przyjęta na studia. – I zaraz zmieniła temat: – Bolek ma zadzwonić za pół godziny, mówił, że może mu się uda dokooptować ze dwie rodziny, żebyśmy przy stole sami nie siedzieli.

Dobra nasza, pomyślałem sobie. Nowi ludzie, nowe spojrzenie na świat, może będzie weselej. Rzeczywiście, Bolek zadzwonił. Trochę mu zeszło, ale kogoś namówił. W końcu się wybraliśmy.

Po raz pierwszy byliśmy na polskim pikniku, więc zaczęliśmy się rozglądać, by zorientować się, gdzie możemy usiąść. Bolek wyłowił nas wzrokiem i przywołał do siebie. Przy jego stoliku były już dwie pary. Podeszliśmy i Bolek nas sobie nawzajem przedstawił. Znajomi – kuzynostwo.

Posiedzieliśmy trochę, a potem ktoś zaproponował: „Chodźmy do baru!". Mężczyźni się poderwali. Należało coś paniom przynieść do picia, więc każdy zapytał swojej, na co ma ochotę.

Jak na takie miejsce, wybór trunków był dość duży. Dla pań zamówiliśmy po Krwawej Mary. Była to czysta wódka z sokiem pomidorowym i cytrynowym, z dodatkiem sosu Worcestershire i tabasco. Przynajmniej według oryginalnej receptury. Sami walnęliśmy po dwa *siaty*, jak tutaj mówią, które praktycznie rozlały się

47

po zębach. Więc zamówiliśmy jeszcze po piwie i wróciliśmy do stolika. Nasze panie czekały na nas zniecierpliwione. Któryś z nas się wytłumaczył, że kolejka była długa jak cholera, a potem wzniósł toast „za zdrowie pięknych pań". Bo jak panie są zdrowe, to i my przy okazji. Atmosfera się rozluźniła. Kobiety siedziały przy Krwawej Mary. Przy piwie zaczęliśmy rozmawiać na różne tematy, ostatecznie zatrzymując się przy najważniejszym. Gdzie jest praca i ile można zarobić. Wszyscy byli głodni pieniędzy. Zauważyłem, że stoją przed nami butelki *Zephyrhills 100% Natural Spring Water*. Prawdę mówiąc, nie przepadałem za niegazowaną wodą, ale nie należało kaprysić, zwłaszcza w publicznym miejscu. Bez zastanowienia wypiłem łyk piwa, po czym otworzyłem wodę i pociągnąłem z gwinta. Wtedy poczułem, że to wódka. Teraz dopiero zrozumiałem, dlaczego towarzystwo w takiej ciszy czekało, aż sięgnę po tę „wodę". Zachłysnąłem się i wszyscy zarżeli ze śmiechu. Bolek dowcipnie to podsumował: „Dużo w życiu widziałem, ale po raz pierwszy, żeby ktoś piwo wódką przepijał!".

Okazało się, że taki sposób cichej podaży alkoholu na piknikach jest rzeczą normalną. Inaczej ludzie by z pieniędzmi na drinki nie wyrobili. Podstawowy drink to szklaneczka pełna lodu i parę gramów alkoholu. Ileż trzeba by ich kupić, by sobie poprawić nastrój? Kiedy wszyscy już sobie trochę wypili, zaczęły się tańce. Niestety, czas szybko biegł, a o dziesiątej wieczorem zabawa się skończyła. Władze miasta pozwalały na hałaśliwą muzykę tylko do tej godziny.

Nie pozostało nic innego, jak się pożegnać. Obiecaliśmy sobie wzajemnie, że spotkamy się znowu na pikniku. Ogólnie rzecz biorąc, impreza była udana, więc dlaczego by nie?

Dni mijały, podobne do siebie, i nie sposób opisywać ich wszystkich po kolei. Od czasu do czasu dochodziło wszakże do czegoś niecodziennego. Na przykład, wrócił temat komputera.

Przyszli do mnie Marcelka i Grzegorz z poważnymi minami.

– Tatuś, uzbieraliśmy pieniądze na komputer, czy możemy sobie kupić?

Stanął mi naraz przed oczyma obraz marketu, w którym

wcześniej nabywałem komputer. A potem usiłowałem go zwrócić. Nie chciałbym drugi raz przez coś takiego przechodzić i zrobiłem srogą minę. Twarz mi się groźnie skurczyła.

Dzieciaki się roześmiały, widząc moją reakcję.

– A z czego tak się cieszycie? – surowo zapytałem.

Na to Grzegorz:

– Bo pewnie tato sobie przypomniał, jak już raz kupował peceta. Niech tatuś się nie martwi. Skonsultowaliśmy to z Wackiem i on nam pomoże wybrać. Podszkolił się od tamtej pory. Teraz zna się na komputerach jak mało kto. Prawie informatyk.

Widząc że mam kłopot z głowy, przyzwalająco kiwnąłem głową. Dzieci wykazywały się inicjatywą i potrafiły same zadbać o swoje sprawy.

– Kupcie, tylko dobry! – rozstrzygnąłem. – Żeby to nie była kupa złomu.

W jakiś czas później okazało się, że będziemy mieli gości. Podekscytowana żona mi oznajmiła:

– Wyobraź sobie, że odwiedzi nas moja znajoma z Polski. Mieszka w Nowym Jorku dłużej od nas, a znamy się jeszcze ze szkoły. Dowiedziała się o nas, więc natychmiast zatelefonowała i zapytała, czy może do wpaść z wizytą. Naturalnie, że się zgodziłam. Tak więc szykuj się na piątek.

Znajoma zadzwoniła drugi raz w czwartek, pytając, czy może zabrać ze sobą męża. Miał nie dostać wolnego w pracy, ale w końcu dostał. Żona odpowiedziała, że będziemy radzi.

Zatarłem z zadowoleniem ręce. Szykowało się ciekawe spotkanie.

– A może zaprosimy Bolka z Ireną? Będzie nam weselej – podpowiedziałem.

– Wiesz? To jest myśl – odrzekła i poszła zadzwonić do Ireny.

Gdy przyszedłem w piątek z pracy, Jadzia i Edek już u nas byli. Irena także. Bolek miał się nieco spóźnić. W końcu i on się pojawił się, oczywiście z butelką w ręku.

– Mój wyrób – pochwalił się. – Musicie spróbować!

Kuzyn przygotował piwną wódkę. Procedura nie była skomplikowana. Podgrzewało się jasne piwo, dodawało cukier, w tym waniliowy, a po ostygnięciu wlewało się spirytus.

Jak się okazało, Jadzia znała nie tylko Marysię, ale Bolka. Podobno trochę randkowali, jednak to się urwało, gdy wyjechała do USA.

Przy nalewce piwnej przełamaliśmy pierwsze lody. Panie zajęły się sobą, a my sobą.

Zjechaliśmy w rozmowie na wędkarstwo. Bolek wyskoczył ze zwariowanym pomysłem, żeby z rana wybrać się na ryby. Kupił komplet wędek i chciał je wypróbować. Ku memu zdumieniu, Edziu w oka mgnieniu się pod tym podpisał. Okazało się, że był zapamiętałym wędkarzem, a na ryby chodził od dzieciństwa.

Tego wieczoru nie siedzieliśmy długo, bo przecież na ryby trzeba jechać przed świtem. Jadzia i Edek zostali na noc. O godzinie trzeciej trzydzieści przyjechał Bolek truckiem z trzema wędkami i dwoma butelkami piwnej wódki, nieodzownymi na taką okazję. Wiadomo, rybki lubią pływać. Wyruszyliśmy radośni, wierząc w nasze szczęście. Po drodze kupiliśmy na stacji benzynowej przynętę. Na brzegu niedużego zalewu usiedliśmy na stołeczkach i zarzuciliśmy wędki. Bolek rozlał wódkę do kubeczków.

– Panowie, w górę serca, obyśmy nie wrócili z pustymi rękami.

Opróżniliśmy jedną butelkę. Jednak ryby nie chciały brać. Zaniepokoiło to naszego gościa.

– Powiedz, Bolek, czy kiedykolwiek widziałeś rybę w tym zbiorniku?

– Ma się rozumieć – odparł Bolek. – To dobre miejsce. Byłem tutaj ostatnio z kolegą. Trafiły się nam dwa okazy, i to całkiem ładne – zasłonił się swoim doświadczeniem. – *Bluefish.* – Był to popularny gatunek ryby u wybrzeży Atlantyku. – No to, panowie, nie pozostaje nam nic innego, jak rozpocząć następną butelkę.

– Dobra twoja, dobra moja – powiedział Edek, wyciągając flaszkę z plecaka, w którym mieliśmy kanapki. Nie miałem zielonego pojęcia, kiedy ją tam schował.

Byliśmy w połowie kolejnej butelki, kiedy Bolek szaleńczo się zerwał i chwycił za wędkę. Poderwał się również Edek, łapiąc flaszkę potrąconą przez kuzyna.

50

Bolek miał szczęście, twardo walczył z rybą. Gdy podprowadził ją pod brzeg, zobaczyliśmy że to całkiem ładny okaz. Oczywiście, *bluefish*. Ryba należała do drapieżnych i trzeba było uważać, żeby przypadkiem nie włożyć jej palców do pyska.

Ledwo co opiliśmy powodzenie Bolka, gdy szczęście się przeniosło najpierw na Edka, a potem na mnie. Niestety, następne złowione okazy były już mniejsze. Uzbieraliśmy tych rybek ze trzy czwarte wiadra. Drobne sztuki były dobre w smaku, ale nie można było się nimi najeść. Tym niemniej nasze kobiety miały co smażyć.

Około jedenastej zdecydowaliśmy się na powrót do domu. Nasze panie siedziały przy ciasteczkach i kawie. Opowiadały sobie zabawne historie i dowcipy.

– Józuś, mam pytanie – zawołała na mój widok moja żona. – Czy wiesz, po co rybak bierze ze sobą mydło i ręcznik? – I zaraz dodała: – Za długo nie myśl, sama ci powiem. Bo gdyby gówno złapał, żeby miał sobie czym ręce umyć i w co się wytrzeć.

Nie złapaliśmy gówna. Jadzia pierwsza się zorientowała, że nie wróciliśmy z pustymi rękami. Zajrzała do kuchni.

– Dziewczyny – oznajmiła. – Oni naprawdę coś złowili.

Edek pokazał wiaderko z rybami. Potem zabrał się za ich obieranie. Panie nie miały innego wyjścia. Musiały ruszyć kuperki i wziąć się do smażenia.

W poczuciu dobrze spełnionego obowiązku usiedliśmy przed telewizorem. Szedł mecz piłki nożnej. Była to liga meksykańska, bo tylko taką w tym czasie transmitowano w telewizji amerykańskiej. Po meczu zabraliśmy się do usmażonych ryb, a potem wspólnie zasiedliśmy do deseru.

Żoneczka opowiedziała historię o tym, jak to kupowała jedną rękawiczkę.

Leżała na półce, ale nie miała pary. Zobaczyła ją i koniecznie chciała nabyć. Zaczęła się sprzeczka przy kasie. Kasjerka tłumaczyła, że sprzedają tylko w parach, ponieważ ludzie mają po dwie ręce. Na to moja stwierdziła, że jej jest potrzebna tylko jedna. Bo jak plewi w ogródku, używa tylko jednej ręki. Podszedł menadżer. Najpierw uznał, że może jej sprzedać jedną, pod warunkiem, że

51

zapłaci za dwie. Żona zripostowała, że nie może zapłacić za dwie, bo drugiej nie ma. Od słowa do słowa i okazało się, że drugą z pary prawdopodobnie ktoś wcześniej ukradł. – Po co ci jedna? – pyta menadżera. – A mnie akurat się przyda! Dał jej w końcu tę rękawiczkę i powiedział: – Idź już, kobieto, jakbym miał więcej takich klientów, to bym zwariował! Ryknęliśmy śmiechem, a żona pokazała swą zdobycz. Para kosztowała ponad dwadzieścia dolarów, tyle by nie wydała na jedną do ogrodu. Niestety, wizyta miłych gości nagle została przerwana. Nie mogli już zostać na niedzielę. Niespodziewanie zatelefonowała córka Jadzi. Rozmawiała z matką z pięć minut, po czym Jadzia oznajmiła, że muszą szybko wracać. Jakaś ich znajoma potrzebowała pomocy.

Była wzburzona, więc musiała się na kimś odreagować. Dostało się Edziowi za to, że dużo pił i jeszcze chciał wychylić jednego na drogę. Nie nadawał się do tego, by usiąść za kierownicą. „Pierwszy raz jesteś w gościach i takie świadectwo nam wystawiasz?".

Mimo nagłego rozstania ich wizyta była udana i spotykaliśmy się potem dość często.

Rozdział 10

Urodziny żony
i gość z Polski

Otrzymaliśmy telefon z Polski. Odezwał się nasz znajomy z czasów szkoły średniej. Miał na imię Ryszard. Pamiętał moją żonę z lat, w których prowadził zespół folklorystyczny. Marysia była solistką. Udzielałem się również w tym zespole i tam się z nią poznałem. Grałem na gitarze i perkusji. Pomyślałem sobie, że będzie co powspominać.

Był październik, a kolega miał przyjechać po dziesiątym grudnia. Mieliśmy więc trochę czasu, by się przygotować. Pracowałem od rana do wieczora, więc szykowała się okazja, by zrobić sobie przerwę. Przyszło mi do głowy, że jak przyjedzie Rysiek, to sobie odpocznę. Zawsze sypał kawałami i bawił towarzystwo, po prostu dusza, nie człowiek. Poza tym na dobrą sprawę, nie wiedziałem, co się w domu dzieje. Spędzałem w nim tylko noce. A działo się niemało, o czym dowiadywałem się zwykle z dużym opóźnieniem.

Przyjazd Ryśka zbiegał się z urodzinami żony, więc zaczęliśmy zastanawiać się nad listą gości. Było już pewne, że pojawią się Bolek z Ireną, Waldek z żoną, Edek z Jadzią. Bolek miał zaprosić kolegów, którzy byli z nami na polskim pikniku. Trochę ludzi by się uzbierało. Powiedzieliśmy Bolkowi o przyjeździe Rysia, którego on również pamiętał, ale jak przez mgłę. Zapowiadało się nieźle.

53

Wyglądało na to, że grudzień będzie miesiącem, w którym nudzić się nie będziemy. Listopad przeleciał szybko i ani się obejrzeliśmy, gdy nadszedł dzień urodzin Marii. Żona zrobiła się na bóstwo. Balanga się udała, chociaż odbyła się bez Ryśka. Jego przylot do Ameryki się opóźnił. Jedzenia było dużo, alkoholu też, goście nie zawiedli, przybyli wszyscy zaproszeni, a przy okazji dowiedzieliśmy czegoś więcej o parach poznanych na pikniku. Byli to Jurek i Ala oraz Zygmunt i Ola. Było wesoło, sypano dowcipami i śpiewano. Towarzystwo rozeszło się dopiero po trzeciej nad ranem. Zmęczeni, ale zadowoleni poszliśmy spać. Tylko ja nie mogłem zasnąć. Coś mnie męczyło i przewracałem się na łóżku.

Pomyślałem, żeby pójść do kuchni i sprawdzić, czy kuchenka jest wyłączona. Po takiej imprezie i przy takiej ilości gości można było coś przeoczyć. Maria sapała przez sen i nawet się nie poruszyła, gdy wstawałem. Zauważyłem, że w łazience pali się światło. W kuchni chwilę mi zeszło, bo walnąłem sobie szklaneczkę usypiacza. Należało wracać do łóżka. Stanąłem przy drzwiach do łazienki. Tam nie tylko paliło się światło, ale i lała się woda z prysznica. Czyżby ktoś zasłabł? Otworzyłem i stanąłem jak wryty. Zamieniłem się w słup soli.

W wannie stała Jadzia, nagusieńka jak ją Pan Bóg stworzył.

– Co się gapisz, gołej kobiety nie widziałeś? – zrugała mnie. – Wejdź i zamknij te drzwi, umyjesz mi plecy, Edek śpi jak zabity.

Wziąłem pachnące mydełko i gąbkę. Namydliłem jej te nieszczęsne plecy, pilnując żeby mydło mi nie spadło do wanny. Musiałbym go szukać z nosem na jej łydkach. Jadzia spłukała się prysznicem.

– Jeszcze coś? – z głupia frant zapytałem. Nago wygląda dużo atrakcyjniej niż w niejednej sukience.

– Napatrzyłeś się, Józiu, to teraz wyjdź i zapomnij! – syknęła.

– Tyle twojego.

Zamknąłem drzwi i ulgą odetchnąłem. Żona kolegi była dla mnie nietykalna. Nie miałem prawa do niej się dobierać. Przecież nie chciałbym, żeby mojej Marysi ktoś obcy mył plecy. Nie rozumiałem, po co tam wszedłem. Był to brak taktu z mojej strony.

54

Może za dużo wypiłem? Kiedy odkryłem, że łazienka jest zajęta, powinienem był rzucić przepraszam i natychmiast się wycofać. Wróciłem do łóżka i przytuliłem się do żony. Błyskawicznie zasnąłem.

Obudziłem się około południa. Marysia i Jadzia były w kuchni i przygotowywały śniadanie, a Edzik siedział przed telewizorem, miał w ręku pilota i sprawdzał, co jest na różnych kanałach. Nikt nie nawiązał do mojego nocnego afrontu.

— Wrzuć na trzynastkę, powinien być sport — powiedziałem i usiadłem obok niego.

Trafiliśmy na transmisję z meczu piłki nożnej. Przyszły dziewczyny i zasiedliśmy do śniadania, wspominając co weselsze chwile z poprzedniego wieczoru. Nagle zadzwonił telefon. Odebrała Maria, uciszając nas, bo niewiele słyszała.

Oznajmiła nam nowinę.

— Rysiek z Polski dzwonił, aby nas poinformować, że przylatuje dwunastego po południu, około szesnastej, na lotnisko Johna Kennedy'ego. Józiu, zapisz, żeby nam z pamięci nie uleciało. Prosił, żeby go odebrać. Zatrzyma się u nas kilka dni, a potem poleci do Chicago.

Został nam tydzień, by się przygotować. Byłem ciekawy, jak tam teraz jest w Polsce. Od naszego wyjazdu na pewno dużo się zmieniło.

Ten tydzień miałem naprawdę pracowity. Należało przyjąć go jak trzeba. Gość w dom, to nie tylko Bóg w dom, ale i wydatki większe.

Przyszła sobota. Przyjechał do nas Bolek i zabraliśmy się na lotnisko. Zaparkowaliśmy i idziemy do hali przylotów. Ludzi dużo, i to ze wszystkich stron świata.

Nagle Bolek pyta:

— A macie zdjęcie Rysia? Tylko nie takie, na którym leży w wózeczku ze smoczkiem w buzi.

Spojrzeliśmy po sobie z Marią. O wszystkim pomyśleliśmy, tylko nie o tym.

— Teraz to już musztarda po obiedzie — skrzywił się kuzyn. — Jest jeszcze szansa, że jeśli my go nie poznamy, to on nas rozpozna.

Pasażerowie zaczęli wychodzić po odprawie celnej, więc całą uwagę skupiliśmy na ich twarzach. Tuż obok nas stał taksówkarz. Trzymał w ręku karton, na której było wypisane imię i nazwisko osoby, którą chciał odebrać. To był niezły pomysł. Szybko się doczekał. Pomyślałem sobie, że mógłby mi użyczyć tego kartonu, był mu już niepotrzebny. Podszedłem więc do niego i spytałem, czy może mi go dać. Od razu pojął, w czym rzecz. Z kieszeni wyjął pisak i mi go podał. Zabrałem się do pisania. Doszedłem do „Rysz", gdy za plecami usłyszałem głos.

– No jak piszesz, no jak? „Rysio" powinno być!

Wtedy mi się przypomniało, że nikt nie zwracał się niego per Ryszard. Odwróciłem się i patrzę, a tu stoi przede mną miły z wyglądu gość i śmieje się od ucha do ucha. Wpadliśmy sobie w ramiona.

Gdyśmy się oderwali od siebie, podszedł do mojej żony i pocałował ją szarmancko w rękę.

– Ty, Marysiu, to nic się nie zmieniłaś, te same śmiejące się oczy, co dawniej. No może trochę ciałka ci przybyło – zauważył. – Jak cię ostatnio widziałem, byłaś szczuplutką dziewczyną.

Rozejrzał się dookoła, zatrzymując wzrok na Bolku.

– Tę twarz sobie przypominam, tylko imię mi wyleciało z głowy. Zaraz, zaraz, mam, Bolek! Zgadza się?

– Zgadza się! – odpowiedział Bolek. Przywitali się serdecznie, jak przystało na starych znajomych.

– No to cóż, proszę wycieczki, powitanie się odbyło. Chodźmy do samochodu i jedziemy do domu, nie ma na co czekać!

Ruszyliśmy i zacząłem rozmawiać z Rysiem.

– I jak? Tu jest trochę więcej ludzi niż w naszych stronach...

– Więcej, tyle że w Ameryce jestem nie pierwszy raz. Kiedy prowadziłem zespół folklorystyczny, byłem z nim w Chicago, Nowym Yorku, Connecticut, Bridgeport i Massachusetts. Podczas ostatniego wyjazdu miałem okazję urwać się i zostać w Chicago, ale w ostatniej chwili pomyślałem, że to nie honor tak wystawiać członków zespołu.

Podjechaliśmy pod dom. Wtedy okazało się, że dzieci przygotowały nam niespodziankę. Przywitały nas dźwięki muzyki i głośne

„Sto lat!"". Wacek grał na organach, a reszta śpiewała. Oczywiście, nie miałem pojęcia, że mój syn nauczył się grać. „Tak to jest, gdy pracujesz po dwanaście, szesnaście godzin dziennie, bracie, gówno wiesz, co dzieje się w chacie!" Bolek miał łeb nie od parady. Zniknął, by za chwilę wrócić z akordeonem. Wręczył instrument Rysiowi. Kupiłem harmonię na przecenie, bo miałem nadzieję, że któreś z dzieci będzie się chciało uczyć. I właśnie tego dnia ten sprzęt się przydał. Rysio założył akordeon, ustawił funkcje i ruszył do dzieła. Przypomniało mi się, jak to za młodu grałem w zespole na gitarze. Piękne to były czasy. Marysia śpiewała i było jakoś weselej. Przed oczami stanęła mi babcia. Mawiała: „Nie bój się zapukać do drzwi, za którymi grają i śpiewają, bo tam na pewno dobrzy ludzie mieszkają!".

Nie miałem czasu na smętne rozmyślania, gdyż padło zaproszenie do stołu. Tego wieczoru jednak nie balowaliśmy długo, ponieważ Rysio po podróży leciał z nóg. Pokazaliśmy mu, gdzie jest łazienka i kuchnia oraz jego miejsce do spania, a sami zabraliśmy się za sprzątanie, aby w niedzielę rano było czysto.

Była okazja, by porozmawiać z Wackiem. Zapytałem go, jak to się stało, że zainteresował się muzyką. Powołał się na mamę. Miała dla dzieciaków więcej czasu niż ja. Opowiedziała im, jak się poznaliśmy i jak to po trzech miesiącach znajomości poprosiłem ją o rękę.

– Śpiewała nam piosenki, które bardzo się nam podobały, i pomyślałem sobie, że byłoby fajnie mieć rodzinny zespół. Zacząłem się więc rozglądać za kimś, kto mógłby nauczyć mnie grać. Odkryłem, że jeden z moich kolegów ma ojca, który uczy dzieci na organach. Zainteresowałem się, ile to będzie kosztować. Zapytał, czy nadal będę ćwiczyć z jego synem, który zabiegał o czarny pas w kung-fu. Miałem już czarny pas, więc obiecałem, że mu będę pomagać. Szybko się dogadaliśmy. Uczył mnie gry na organach przez dobrych piętnaście miesięcy. W końcu stwierdził, że mam dobry słuch, znam podstawy muzyki i dalej mogę ćwiczyć sam. Jego znajomy miał na sprzedaż organy w dobrym stanie. Skorzystałem z tej oferty. W ten sposób stałem się posiadaczem sprzętu, bo okazało się, że tamten chciał także sprzedać dwa głośniki, dwa mikrofony ze statywami oraz wzmacniacz. Wziąłem wszystko jak leci. Grzegorzowi uskładałem na perkusję. Gdy zobaczysz, jak zasuwa, to się zdziwisz!

– No to się porobiło! – mruknąłem.

Byłem ciekawy, co z tego wyniknie.

Rozdział 11

Boże Narodzenie i początki kapeli

Dni do Wigilii Bożego Narodzenia minęły błyskawicznie. W centrach handlowych panowała gorączka przedświątecznych zakupów. Udekorowane choinki migały kolorowymi światłami. Póki co, Rysiu u nas gościł. Ostrzegałem go, jak przystało na dobrego gospodarza, żeby nie zabierał większej gotówki, kiedy wychodzi z domu. Mieszkaliśmy w Nowym Jorku i kradzieże nie były tu niczym dziwnym.

Sporo czasu Rysio spędzał z dzieciakami. Coś tam kupowali i po cichu rozmawiali. Był równym gościem i uważałem, że dzięki niemu łapną coś z kultury.

No i stało się. Na Rysia napadli Portorykańczycy i go okradli. Na szczęście, przed pamiętną pasterką Rysio przyniósł mi kopertę z oszczędnościami, prosząc, bym ją schował.

Odświętnie ubrani wyszliśmy z domu. Rysio wyraźnie się odróżniał. Lekka kurtka, biała koszula rozpięta, na szyi złoty łańcuszek, a na palcu złoty sygnet, w ręce kamera. Krótko mówiąc, gość z żurnala. Podjechaliśmy przed kościół. Pasterka była wcześniej niż w Polsce. Weszliśmy do środka, natomiast Rysio pozostał na zewnątrz, bo chciał nakręcić film. Na pamiątkę z pierwszych świąt w Ameryce. I to był jego błąd. Podczas gdy modliliśmy się w kościele, do Rysia podeszło dwóch Portorykańczyków; jeden przyłożył mu nóż do gardła, drugi zabrał mu kamerę, sygnet, łańcuszek i sto dolarów, których nie dał mi na przechowanie. Nie mogłem uwierzyć, że do tego doszło. Właściwie nie powinienem się dziwić. Zdarzało się, że Portorykańczycy napadali na polskie kobiety, zwłaszcza wracające w piątki po pracy z wypłatą do domów. Sporo ludzi w kościele, na zewnątrz niewiele mniej. Nikt nie mógł się ruszyć, żeby mu pomóc? Rysio przyznał się, że to jego wina. Chciał kręcić z ukrycia. Kiedy jeden z Latynosów przyłożył mu nóż do gardła, bał się nawet drgnąć. Zaś kiedy odeszli i wsiedli do samochodu, z przerażenia nie odzyskał głosu. Wyrwał mu się z gardła niewyraźny bełkot. Było podniesienie, więc ktoś skomentował to wzgardliwie: „Upije się taka menda i modlić się nie da!".

Po mszy zaczęli podchodzić do nas ludzie i pytać, co się stało. Puściliśmy w obieg tę przerażającą historię. Ale cóż było czynić? Najlepszym wyjściem w tej sytuacji był powrót do domu. Przy oświetlonej choince podzieliliśmy się opłatkiem i zasiedliśmy do tradycyjnego karpia oraz innych wigilijnych potraw.

W świąteczny ranek zjedliśmy śniadanie i poszliśmy na jedenastą do kościoła. Nauczony przykrym doświadczeniem Rysio już się z nami nie rozstawał. Po sumie wróciliśmy do domu. Zadzwonił Bolek, zapraszając nas na kawę. Uporaliśmy się z obiadem i wybraliśmy się do niego.

Bolek czekał w drzwiach.

– Witajcie w naszych skromnych progach, wejdźcie, proszę!

Wchodzimy, patrzymy, stół się ugina, zastawiony przysmakami. W gruncie rzeczy nic dziwnego, polska tradycja każe czcić święta jadłem i napojem.

Przy stole Bolek przebąknął o sylwestrze. Jednogłośnie poparliśmy myśl, by wybrać się gdzieś razem. Rysiowi się marzyło, żeby trafić na zespół z prawdziwego zdarzenia. Nie pociągały go dyskoteki z didżejem.

Na sylwestra wybraliśmy się całą paczką. Karolcia z kolegą, Wacek z koleżanką, Marcelka i Grzegorz, Rysio, ja z żoną, Bolek z Ireną oraz Jadzia z Edzikiem. Bawiliśmy się doskonale. Po północy i przywitaniu Nowego Roku Rysio wstał i z powagą ogłosił:

– Za trzy tygodnie zapraszam na koncert nowego zespołu, który pod nieobecność Józia powstał w jego domu. Ty, Józiu – pokazał na mnie – masz okazję do nas się przyłączyć, bo jest wakat na gitarę!

Zrobiłem zdziwioną minę.

– Tak, ty. Będziesz musiał poćwiczyć, bo – jak sam mówiłeś – palce masz jak kołki. Ale ja w ciebie wierzę.

Inicjatywa została przyjęta życzliwie. Edzik odezwał się z entuzjazmem:

– Będziemy z Bolkiem szukać dla was okazji do występów. Wypadałoby, żeby zespół pokazał się szerszej publiczności.

Rysio zatarł ręce. Zabierał się do tego, co robił przez lata w Polsce.

– Zatem umowa stoi. A od jutra każdy do swojej roboty.

W moim życiu nadszedł czas na coś nowego. Skończyło się bezmyślne oglądanie telewizji po pracy, a zaczęły się próby. Przez pierwsze dni bolały mnie palce od szarpania strun, ale uparłem się jak osioł i się nie poddałem. Grało mi się coraz lepiej, a Rysio i Marysia mnie chwalili. Inni też się przykładali. Przebiegły w ten sposób trzy tygodnie i należało ocenić efekty.

W sobotnie popołudnie zeszliśmy wszyscy do piwnicy, zwanej szumnie salą prób. Wykonaliśmy non stop ze sześć utworów i zrobiliśmy sobie przerwę.

Bolek pierwszy zabrał głos.

– Tego się nie spodziewałem – mówi. – Nie gracie gorzej od zespołu, przy którym bawiliśmy się na sylwestra.

Edzik przyszedł kuzynowi w sukurs.

– Marysiu, jaki ty masz śliczny głos?! Też się nie spodziewałem, że będziecie tak ładnie grać i śpiewać. Jak obiecałem, zrobię wszystko, abyście mieli okazję się zaprezentować. Gdy tylko wrócę do domu, obdzwonię przyjaciół, może jakieś wesele się trafi lub zabawa. Nie wypada chować was pod korcem.

Rysiu uznał, że do Chicago jeszcze zdąży pojechać. Przecież był kierownikiem naszej kapeli. Postanowił zostać w Nowym Jor-

61

ku, zagrać z nami i odzyskać w ten sposób pieniądze, z których go ograbiono.

Ucieszyła nas jego decyzja. Dzieciaki były szczęśliwe. Co tu dużo mówić, muzyka sprawiała cuda.

Czas płynął szybko: praca, próby, sen. Któregoś popołudnia zadzwoniła Jadzia i oznajmiła Marysi, że mamy pierwszy występ. Mieliśmy zagrać w sali Sokolni. A wcześniej podpisać umowę.

– Wreszcie się coś ruszyło – powiedział zadowolony Rysio.

– Zobaczymy w sobotę, jak wygląda taka umowa, ile godzin, za ile – powiedziałem.

– O to się nie martw – odrzekła Marysia. – Od tego jest Rysio. Ty masz grać, śpiewać i bawić gości, aż się zesrają z radości; prosta rola dla robola – zażartowała.

Pomyślałem sobie, że Marysia jeszcze mnie nie zna. Nie zamierzałem do końca życia być robolem. Gdybyśmy grali częściej, musiałbym rozejrzeć się za lżejszą pracą. Przy demolkach nie miałem szans długo pociągnąć. Uznałem, że muszę na ten temat porozmawiać z Karolcią i poprosić ją, by zrobiła rozeznanie.

Zgodnie z zapowiedzią, Jadzia z Edkiem pojawili się wczesnym popołudniem w sobotę, przywożąc umowę. Usiedliśmy przy stole i Jadzia zaczęła ją nam czytać. Dnia tego i tego odbędzie się zabawa, na której grać będzie zespół... I tu przerwała.

– Słuchajcie, a jak wy się właściwie nazywacie? Przecież kapela powinna mieć jakąś nazwę.

– My Wy Oni – wypaliłem bez zastanowienia.

– A co to niby ma znaczyć? – zapytała.

– Już ci tłumaczę. My to my – pięknie zagramy. Wy to wy, będziecie się dobrze bawić. A oni? To ci, co nie przyszli i mogą teraz tego żałować. Chyba że ktoś ma inną propozycję?

Rysio zaakceptował tę nazwę. Uznał, że jest dobra, dowcipna, łatwo ją wytłumaczyć przed mikrofonem i zapamiętać. Tak też zostało. Jadzia wpisała nazwę zespołu do umowy i zaczęła czytać dalej.

– Zabawa odbędzie się w siedzibie Sokolni w godzinach od siódmej wieczorem do drugiej w nocy. Za grę zespół dostanie dziewięćset dolarów, a pieniądze zostaną wypłacone na ręce kierownika zespołu. – Jadzia skończyła czytać i spojrzała na nas. – Zadowoleni? Rysio stwierdził, że tak, i dodał, że będziemy radzi z następnych zaproszeń.

Edziu się wtrącił.

– Jeśli dobrze wypadniecie, następne propozycje będą tylko kwestią czasu. Ludzie polecą na was jak nic.

Okazało się później, że trafnie to przewidział. Do Sokolni przyjechaliśmy o piątej po południu. Czekali na nas Jadzia i Edek oraz kobieta, która była odpowiedzialna za zabawę z ramienia zarządu. O szóstej trzydzieści sali była już prawie pełna. Punktualnie o siódmej zaczęliśmy grać.

Wykonaliśmy jeden utwór, potem drugi, jednak żadna para się nie kwapiła, by wyjść na parkiet i się pokręcić. Gramy trzeci, czwarty, sytuacja ta sama. Rysio mrugnął do nas.

– Jedziemy dalej – mówi – dwa kawałki i ogłoszę przerwę.

Zagraliśmy te utwory i Rysio zapowiedział, że za kwadrans wrócimy.

Zeszliśmy ze sceny i usiedliśmy przy naszym stoliku, a Rysio mówi tak:

– Oni tak się zachowują, jakby przyszli na koncert. Miejmy nadzieję, że w końcu poderwą się do tańca. A jeśli nie, to trzeba ich będzie wziąć sposobem.

Jak na takich spotkaniach bywa, nie obeszło się bez niespodzianek. W czasie pierwszej przerwy podszedł do naszego stolika jakiś facet i mówi do Rysia:

– Hej, mamy do pogadania.

Rysio patrzy na niego i oczom nie wierzy.

– Ja nie mogę, to ty, Zbychu, to nie w Chicago, co tu robisz?

Facet się przywitał.

– Nadal mieszkam w Chicago, ale firma oddelegowała mnie tu na sześć miesięcy. Niestety, wkrótce wracam, a dzisiaj znajomi mnie wzięli na zabawę. Mówili, że nowy band będzie grać, to powinniśmy posłuchać. I słuchają, bracie, słuchają! Nawet do tańca się nie rwą, to samo przy innych stolikach. Gracie taki repertuar, którego nikt tu nie zna, ale wszystkim się podoba. – I zajął się nami. – Powiedz mi, chłopie, skąd ich wytrzasnąłeś? Rysio objaśnił, że jesteśmy jedną rodziną, a graliśmy z nim razem już dwadzieścia pięć lat temu. Teraz doszły dzieci. Pożegnał nas, bo kwadrans się kończył.

– Do zobaczenia na następnej przerwie, a wy na grzędę i do roboty.

Uśmiechnęliśmy się i wróciliśmy do instrumentów. Rysio wziął się na sposób, jak zapowiedział. Ujął mikrofon i zachęcił dowcipnie ludzi do tańca. Zagadał humorystycznie i gruchnął śmiech. Zaczęliśmy nowy utwór, a obecni zaczęli powoli wstawać od stolików. Od razu lżej się gra, pomyślałem.

W czasie kolejnej przerwy znowu przyholował do nas Zbychu z Chicago. Nie powiem, zachował się grzecznie, każdemu postawił po wódce. Dzieciaki poszły się przejść, my zaś w tym czasie zacieśnialiśmy stosunki towarzyskie. Rysio spytał, czy nie mamy nic przeciwko temu, żeby zaprosić Zbycha do nas do domu. Wymieniliśmy się numerami telefonów i wróciliśmy na scenę.

Następna przerwa przyniosła znowu niespodziankę. Tym razem nie tak miłą, jak poprzednie. Do naszego stolika zbliżyła się starsza, zasuszona damulka i zaczęła nas strofować.

– Jak państwo się nie wstydzą przyprowadzać dzieci do klubu, gdzie starsi się bawią i piją wódkę, co to za wychowanie?

Nadawała w tym stylu. Nie powiem, ruszyło mnie, byłem w gorącej wodzie kąpany i nie cierpiałem, gdy ktoś mnie brał pod włos. Grzecznie zapytałem:

– Czy pani się dobrze bawi? Widzi pani, te dzieci są członkami zespołu, grają z nami. Przez cały czas są pod naszą opieką i nic złego nie może się im stać. Może pani też ma dzieci lub wnuki w tym wieku?

– Mam – dała się podpuścić. – Dwie dziewczyny, siedemnaście i osiemnaście lat.

Wyszło ze mnie bydlę i ją przygwoździłem.

– To niedobrze! – syknąłem. – Pani jest tutaj, a może Murzyni w tym czasie zabawiają się z pani córeczkami, a pani nic o tym nie wie? Bardzo panią proszę, niech się pani zajmie wychowaniem swoich dzieci, a nie moich!

Po czym wstałem od stolika, wielce obrażony, dodając:

– Chodźcie, zagramy jakąś dedykację dla tej damy. Oby w jej życiu było weselej, bo inaczej kobita zamartwi się na śmierć!

Dopiero kiedy ochłonąłem po tym starciu, uzmysłowiłem sobie, że pewnie starsza dama była sklerotyczką i nie zdawała sobie sprawy z tego, co mówi.

I tym sposobem pierwszy publiczny występ mieliśmy za sobą. Debiut należało uznać za udany. Poza tym incydentem, jak zresztą widać drobnym, nic nieoczekiwanego więcej nam się nie przydarzyło.

Rozdział 12

Igor

Temat Igora wypłynął w związku z tym, że poszukiwałem nowej pracy. Namierzyła go Karolcia, chodząca swoimi ścieżkami, i przyszła z tym do mnie. – Poznałam faceta z Ukrainy, który był w swoim kraju chirurgiem – wyjaśniła. – Tutaj zapisał się na kurs pobierania krwi, gdyż nie chcą uznać jego studiów ani praktyki. Może byśmy go zaprosili na obiad, by się czegoś więcej dowiedzieć co tym, jak tu się takie sprawy załatwia? Wiesz, tatko, co zrobić, aby dostać się na przydatne szkolenie?– sugerowała. – On już się starał, to będzie zorientowany. Ustaliliśmy, że zaprosimy go na niedzielę na obiad, bo w sobotę czekał nas występ w polskim klubie. W piątek potwierdzono, że zagramy, więc nie było czasu myśleć o Igorze. Jak się okazało, ten sam nas znalazł. Przy okazji występu Karolcia podeszła do nas z sympatycznym facetem i nam go przedstawiła. Trzeba powiedzieć, men z dużym poczuciem humoru.

W niedzielę Igor punktualnie zapukał do drzwi, oczywiście z kwiatami w jednej ręce dla gospodyni i z „uchem" smirnoffa w drugiej dla pana domu. Szarmancko ucałował dłoń Marysi. Zasiedliśmy do obiadu. Chwalił wszystko, co mu podawano, wynosząc pod niebiosa gospodynię i jej kuchnię. Po minie żony było widać, że zaakceptowała naszego gościa i uznała go za swego. Trudno, żeby mnie to nie cieszyło. W końcu lekarz. Po obiedzie rozsiedliśmy się wygodniej i przy kolejnym rozlaniu poruszyliśmy temat pracy.

Igor wysłuchał mojej opowieści, po czym zapytał, czy mam ukończoną szkołę średnią Nie chciałem mówić, że dużo więcej, gdyż pomyślałem sobie, że może mi to zaszkodzić. Jedz, Józiu, małą łyżeczką, ale przez cały czas! Jakieś kursy? Mam. Poradził, bym wygrzebał dyplomy, przetłumaczył je i podbił u notariusza, bo nie wiadomo, które i kiedy będą potrzebne.

– Zapisz się na kurs języka angielskiego – podpowiedział. – Jeśli dostaniesz świadectwo o jego ukończeniu, będzie ci dużo łatwiej. Kursy językowe są bezpłatne. Wybierzemy się razem w jedno takie miejsce. Mój kolega uczy, to na pewno pomoże.

Cieszyłem się, że ktoś się podjął, by mną pokierować. Nie musiałem niczego robić na ślepo i szukać nie wiadomo czego. Z tymi dokumentami o kwalifikacjach trochę mi zeszło, ale to już odrębna sprawa. Żegnając się z nami, Igor zaprosił nas do siebie. Opiekował się ukraińskim kościołem. Umówiliśmy się za dwa tygodnie.

Tymczasem Bolek z Ireną oraz z Edek i Jagodą wybrali się na wypoczynek na Florydę. Dostali urlopy, byli w lepszej sytuacji niż ja, bo w mojej pracy o urlopach się nie mówiło. Na szczęście, mieliśmy co rusz występy, które odrywały nas od szarej rzeczywistości i poprawiały nam nastroje.

Pojechaliśmy do Igora. Przyjrzeliśmy się kościołowi, którym się opiekował. Był ładny i zadbany. Następnie przeszliśmy do budynku obok.

Był to duży, trzypiętrowy dom. Igor zajmował poddasze. Mieszkał po kawalersku, zaproponował nam kawę i herbatę oraz kupne ciasto. Okazało się, że miał interesującą pasję. Był artystą malarzem. Wypiliśmy kawę i zjedliśmy po kawałku ciasta. Wtedy sobie przypomniał, że może nam zaoferować butelkę wina mszalnego. Trzeba było zejść do zakrystii. Poprosił, bym z nim poszedł.

Igor wziął wino i ruszyliśmy z powrotem. Kroczyłem spokojnie, nie spodziewając się nieszczęścia. To był jednak mój feralny dzień, o czym miałem się za chwilę przekonać.

Ukrainiec nagle zatrzymał się i zaklął.

– Co się stało? – zapytałem.

67

– Niemożliwe! Popatrz, pusto! Ktoś się nie bał i samochód wam zajebał. I to dosłownie przed chwilą.

Spojrzałem. Zabiło mi mocno serce, nogi mi zmiękły, a dłonie mi zwilgotniały. Nikt go nie przestawił. Po prostu znikł jak kamfora.

– Nie ma go – wyszeptałem zbielałymi wargami.

– Jak oni to zrobili? Dosłownie w dwie minuty. Kiedy szliśmy do zakrystii, jeszcze stał – dorzucił żałosnym głosem Igor. Ale okolica, pomyślałem. I jak my się teraz dostaniemy do domu?

Należało zadzwonić na policję, zgłosić kradzież, a następnie do kompanii ubezpieczeniowej. Weszliśmy na górę. Marysia z mojej miny od razu wyczytała, że stało się coś strasznego.

– Jacyś dranie samochód nam zwinęli – oznajmiłem ze zgrozą.

– Świńskie mordy!

– Matko Boska! Musiało nas to spotkać?

Igor z ponurą miną podniósł słuchawkę telefonu i wykręcił numer policji. Po chwili włączył się magnetofon, na który nagrał relację o kradzieży. Policjanci byli uprzejmi, przyjęli informację o zdarzeniu i poprosili, abyśmy odebrali raport z posterunku za trzy lub cztery dni. Podali również numer, pod którym zarejestrowano kradzież. Przy okazji dowiedziałem się, że w tym rejonie co siedem minut ginie wóz.

Wypiliśmy mszalne wino, niestety, nie poprawiło nam to nastrojów. Zastanawiałem się, co się stanie, jeśli policja nie odnajdzie naszego samochodu. Mieliśmy nagrany występ na zabawie dla myśliwych w pięknej restauracji – i to za dobrą zapłatą. Bolek był w Miami, więc nie mógł nam służyć swoim vanem. Igor obiecał pomoc. Nie mając innej opcji, wsiedliśmy do jego wozu. Była to stara marka o trudnej do zapamiętania nazwie.

Posadził nas i ruszyliśmy do domu. Jechał bardzo powoli. Zajęło mu to ponad godzinę. Kiedy dotarł na miejsce, Marysia zaprosiła go do domu.

– Nie martw się, przecież to nie twoja wina, że tak się stało – próbowała go pocieszyć. – Wejdź, wypijemy po jednym, bo jakoś zimno w twoim samochodzie.

68

Dał się skusić. Potem okazało się, że chce zostać. Miał prośbę. Nie chciał jechać po nocy. Zdrzemnął się na fotelu. O szóstej rano kościół musiał być otwarty i przygotowany do mszy. Obudziliśmy się o dziewiątej rano. Naszego gościa już nie było. Na stole znaleźliśmy kartkę, na której widniało: „Dziękuję, Igor". Tydzień zbliżał się ku końcowi. Niestety, nie otrzymaliśmy z policji żadnych informacji na temat skradzionego wozu. W piątek odezwał się Igor, mówiąc przez telefon, żebyśmy się nie martwili, bo on zawiezie nas na to granie. Zapytał, o której ma przyjechać. Musieliśmy być w restauracji trzy godziny przed występem, żeby mieć czas na rozłożenie aparatury i sprawdzenie nagłośnienia. A zaczynaliśmy o ósmej wieczorem.

W sobotę Igor podjechał swoim dużym samochodem i zaczęliśmy znosić sprzęt, aby go jakoś poukładać w wozie. Jak zobaczył, ile rzeczy trzeba zapakować, zaoferował swoją pomoc przy układaniu. Wkrótce okazało się dlaczego. Po otwarciu tylnych drzwi naszym oczom ukazała się kanapa. Były na niej poukładane obrazy, które Igor namalował. Ma się rozumieć, zamierzał je sprzedać na zabawie.

Trochę mnie to wkurzyło.

– A gdzie masz miejsce na sprzęt, pogięło cię, czy co?

Speszył się.

– Nie mogłem sam złożyć tego tapczanu, ale jak mi pomożecie, to na wszystko znajdzie się miejsce, wierzcie mi.

Dziesięć minut składaliśmy tę nieszczęsną kanapę. Jakoś upchaliśmy wszystko w środku, a sami wsiedliśmy na przednie siedzenia. Nagle mnie coś tknęło. Pomyślałem, że muszę to jeszcze raz sprawdzić. Doszedłem do drzwiczek i widzę, że same się otwierają. Zakląłem szpetnie i wołam Igora, tracąc nerwy.

– Czy ty, kurwa, wiesz, ile ten sprzęt kosztuje? Chcesz mi go zgubić po drodze?

– Nie żartuj, wczoraj wieczorem zepsuł mi się ten francowaty zamek i nie miałem go jak naprawić.

– I co? Teraz go będziesz naprawiał?

– Nie, tylko linką zwiążemy klamki, to drzwiczki się nie otworzą. Zresztą nie będę mocno hamował, na pewno wszystko dowieziemy w całości.

– Dobra, wiąż tę linkę i ruszamy w trasę. Tym twoim odrzutowcem za szybko nie dojedziemy.

Wreszcie ruszyliśmy. Ja z duszą na ramieniu. Przeżegnałem się i szepnąłem w myślach: „Boże, prowadź!" Przez pierwszy stop przejechaliśmy bez zatrzymywania się, przez drugi także.

Marysia skwitowała to krótko:

– Igorze, nie uznajesz znaku stopu?

To nie był koniec jego popisów. Przemknął przez czerwone światła, nawet nie zwalniając.

Nie wytrzymałem i palnąłem:

– Masz prawo nie lubić tego koloru, ale zatrzymywać się musisz!

Zaczął się tłumaczyć.

– Nie denerwuj się, Józiu. Nie mogłem zahamować, bo mam słabe hamulce. Za szybko najechaliśmy na czerwone światła, więc nie chciałem mocno naciskać, żeby nie pękły. Są zużyte i cienkie, a ja nie miałem pieniędzy, żeby je wymienić. Najlepiej nie patrzcie. Zajmij Marysię rozmową, a ja spokojnie dojadę. Dobrze znam swój samochód, więc sobie poradzę.

Pomyślałem, że skoro tyle jeździł i nadal żyje, to może ma rację. Wóz praktycznie bez hamulców. Reszta była w rękach Boga.

Zająłem Marię rozmową. Niewiele to dało, bo wkrótce wykręcił kolejny numer. Wszystkie samochody stały, a on zapieprzał poboczem. Prawdopodobnie nie mógł się zatrzymać. Rozpocząłem modły do świętego Krzysztofa, patrona kierowców. Chyba pomogło, bo w końcu wrócił na szlak.

Dojechaliśmy na miejsce. Lokal elegancki. Podszedł do nas pracownik zajmujący się parkowaniem i poprosił Igora o kluczyki. Okazało się jednak, że Igor mu ich nie da. Uparł się, że sam zaparkuje. Dobrze wiedziałem dlaczego.

– Koniec jazdy – mruknąłem z ulgą. Nie sądziłem, że będę przez coś takiego przechodzić.

Zanieśliśmy cały sprzęt do restauracji i zaczęliśmy go ustawiać. Igor w tym samym czasie zajął się swoimi obrazami, było ich chyba z piętnaście, niektóre bardzo ładne. Chciał, by wpadały gościom w oczy.

Nasz malarz artysta miał szczęście, spotkał znajomego. Podszedł do nas postawny mężczyzna o czarnych włosach i pyta:

– To ty, Igor, oczom nie wierzę?!

– Wania, a co ty tu robisz?!

Przywitali się wylewnie.

Wyjaśniło się, że Wania jest członkiem koła myśliwskiego, które organizowało przyjęcie. Zostaliśmy nawzajem sobie przedstawieni, a Wania poczuł się w obowiązku, by nami się zająć. Zorganizował dla nas poczęstunek, tłusty boczek, smalec ze skwarkami i butelkę czystej wódki. Wzniósł toast, wypiliśmy i poszliśmy grać. Okazało się, że nie tylko Igor miał tu znajomego. W czasie przerwy podeszła do nas czwórka zaintrygowanych gości.

– Czy państwo to Marysia i Józiu?

Zaskoczona Marysia potwierdziła. Jaki świat był mały! Okazało, że pamiętają nas z Polski. Zaglądali do nocnej restauracji, w której grywaliśmy. Dawne dzieje! A kiedy doczekaliśmy końca zabawy i zaczęliśmy składać sprzęt do samochodu, Wania ruszył nam z pomocą. Gdyśmy się już z tym uporali, wymieniliśmy się numerami telefonów. Ruszyliśmy w drogę powrotną. Wspominaliśmy co weselsze momenty z zabawy, a potem zaczęły kleić nam się oczy. Na drodze nie było prawie żadnego ruchu.

W pewnej chwili coś mnie wyrwało z odrętwienia. Na szosie mnóstwo świateł, policja, straż pożarna. Był wypadek. Przejechaliśmy obok, oglądając zniszczone wozy. Pomyślałem, że Bóg nad nami czuwa, bo to nie nas usiłowano poskładać do kupy.

Dojechaliśmy cało do domu, wypakowaliśmy sprzęt, a Grzegorz z Marysią poszli spać. Usiedliśmy w fotelach, aby się zrelaksować. Igor przypomniał sobie o jedzeniu, które kelnerki zapakowały nam na drogę. Zabraliśmy się do spóźnionej kolacji, a ja zapytałem naszego gościa, ile jesteśmy mu winni za przewóz sprzętu muzycznego. Początkowo się wzbraniał, był honorowy, ale potem przyjął, co mu się należało.

Rozdział 13

Kurs masażu

Nasz zespół zagrał dla klubu myśliwskiego, a potem przez jakiś czas nie mieliśmy nowych zaproszeń, więc mogłem zająć się swoimi sprawami i pomyśleć o przyszłości. Zgromadziłem potrzebne dokumenty potwierdzające moje kwalifikacje i postanowiłem pokazać je Igorowi. Obejrzał je i z uznaniem kiwnął głową. Stwierdził, że nie jest źle, po czym zadzwonił do kolegi. Chwilę z nim rozmawiał, a potem mnie popędził:

– Ubieraj się, idziemy, Jurij na nas czeka!

Powiedziałem, że nie wypada iść z pustymi rękoma i że należy zabrać jakiś „flakon", ale Igor rozstrzygnął, że załatwimy to po drodze. Jurij mieszkał niedaleko. Jakieś piętnaście minut ode mnie, więc uwinęliśmy się w mig.

Pukamy do drzwi. Otwiera nam jego żona, Aleksandra. Wchodzimy. Gospodarz nas wita. Igor opowiada mu o mnie. Jurij zagląda w moje papiery i zaczyna rozmawiać ze mną po angielsku. Błogosławiłem moje dzieciaki, które jakby na złość pogadywały przy mnie w tym języku. Chcąc nie chcąc, odpowiadałem im po angielsku, z czasem nabierając płynności. To wszystko zaprocentowało u Jury, który po kilkuminutowym przepytywaniu stwierdził, że nie jest ze mną tak źle.

– Przyjdź jutro z Igorem do szkoły. Jeśli zdasz test, wypiszę ci zaświadczenie, że byłeś na kursie.

Z duszą na ramieniu zgłosiłem się na test. Po godzinie było już po wszystkim, czekałem na wynik. Po kolejnych czterdziestu pięciu minutach Jurij wręczył mi zaświadczenie o ukończeniu kursu języka angielskiego. Odetchnąłem z ulgą.

– No to papiery mam skompletowane – ucieszyłem się. Byłem ciekawy, jaki to nowy zawód osiągnę dzięki pomocy Karolci i Igora. Oczekiwanie nie trwało długo. Po dwóch dniach Karolcia, skonsultowawszy się z Igorem, powiedziała mi, że nagrywają dla mnie kurs licencjonowanego masażysty. Nie była jeszcze pewna, czy to wypali. Igor był umówiony z dyrektorką szkoły na rozmowę i z niecierpliwością czekałem na dalsze informacje. Chciałem się dowiedzieć, dlaczego wybrali zawód masażysty. Po południu Igor zadzwonił i zapowiedział swoją wizytę na wieczór. Przyszedł o godzinie dziewiętnastej trzydzieści i mówi:

– Mam dla ciebie dwie wiadomości, jedną dobrą, drugą złą. Od której zacząć?

Roześmiałem się, bo natychmiast przyszedł mi do głowy dowcip. Dyrektor wchodzi rano do gabinetu, mówiąc dzień dobry, a sekretarka pyta: Mam dwie wiadomości, jedną dobrą, a drugą złą, od której zacząć? Od złej, odpowiedział dyrektor. Od dzisiaj nie jesteś już dyrektorem. A ta dobra wiadomość? Jezdem z tobą w ciąży.

Igor wysłuchał dowcipu i ryknął śmiechem. Orzekł, że nie da się tego porównać z sytuacją, w której się znajduję.

– Zła wiadomość? Mówiąc wprost, będziesz musiał sobie przyswoić szereg pojęć medycznych w języku angielskim.

– A ta druga? – zapytałem.

– Będę na tym kursie uczył anatomii i fizjologii. Właśnie pani dyrektor przyjęła mnie do pracy. Nie pamiętam, czy ci mówiłem, ale w tej szkole ukończyłem kursy pierwszej pomocy oraz pobierania krwi – z bardzo dobrymi wynikami.

– Powiedz mi, Igor, dlaczego akurat masaż?

– Odpowiedź jest prosta. Po pierwsze, jest dużo miejsc, w których wykonuje się masaże. Po drugie, możesz mieć prywatną klientelę. Po trzecie, aby zrobić komuś masaż, nie musisz mieć zlecenia

73

od lekarza, a fizykoterapeuta – na przykład – musi je mieć. No i co teraz powiesz? – zapytał.

– Kiedy ten kurs się zaczyna?

– W najbliższy poniedziałek. Zajęcia będą się odbywać od poniedziałku do piątku wieczorem w godzinach od szóstej do dziesiątej, a w soboty od dziewiątej rano do drugiej po południu. – I dodał: – Wygląda to tak, że w sobotę zostanie ci czas na granie, a w niedzielę na naukę.

To teraz mam naprawdę Amerykę, pomyślałem sobie. Nurtowały mnie obawy, czy podołam. Zwierzyłem się ze swych lęków Marysi, a ona uśmiechnęła się i odrzekła, żebym się nie martwił.

– Będziemy trzymać za ciebie kciuki – obiecała – i wspomagać cię ze wszystkich sił.

Byłem ciekawy, jak w praktyce ta pomoc będzie wyglądać. Marysia przygotowała kolację, którą zjedliśmy z apetytem, wypiliśmy za powodzenie, a Igor wyszedł, twierdząc, że „idzie przygotować się do nowej roli". Zawód nauczyciela nie był wcale taki łatwy.

Nadszedł poniedziałek. W klasie przywitała nas dyrektorka, która przeczytała nasze nazwiska. Każdy wstawał i się przedstawiał, mówił, skąd przyjechał, od kiedy tu jest i czym się zajmuje. Uczestniczyło w kursie szesnaście osób. Następnie przedstawiono nam nauczycieli, czyli Igora, a obok niego starszą kobietę, Elżbietę, która miała nas uczyć różnych technik masażu. Po czym podzielono nas na dwie grupy. Połowa z nas przeszła do innej klasy z Elżbietą, a druga połowa została w sali z Igorem.

Dało nam popalić. Około dziesiątej wieczorem wszyscy byli wyczerpani i zmęczeni – z wyjątkiem Igora, który był w swoim żywiole. Zastanowiło mnie, dlaczego nie robiono przerw. Pomyślałem, że trzeba to zmienić. Nie wyobrażałem sobie, że miałbym za każdym razem słuchać przez cztery godziny non stop jednego nauczyciela. W głowie nic nie zostawało. Uznałem, że przedyskutuję to z Igorem. Jak postanowiłem, tak też zrobiłem.

W piątek zebraliśmy się wszyscy w klasie i Igor zaproponował, aby po dwóch godzinach zajęć robić dwudziestominutową przerwę, między innymi po to, żeby można było coś zjeść i wypić, jak również po to, żeby po tej przerwie nauczyciele mogli zamienić się klasami. Elżbieta podpisała się pod projektem. Igor poszedł z tym do pani dyrektor. Zaakceptowała zmiany, uznając, że mają ręce i nogi. Tak czy siak, na początku tego kursu byłem przekonany, że nie dam sobie rady. Zasypano mnie ogromną ilością angielskich słów, niewystępujących w potocznym języku. Na szczęście Karolcia poświęcała mi wiele czasu i cierpliwie mi wszystko tłumaczyła. Ciągle poprawiała moją wymowę. Jeżeli jeszcze czegoś nie mogłem pojąć, prosiłem o pomoc Igora. Minęły dwa miesiące kursu i zaczęły się testy z przerobionego materiału. Dzięki Bogu, zdałem wszystkie i nie musiałem w soboty przychodzić na dodatkowe zajęcia dla tych, którzy je oblali. Z mojej grupy cztery osoby zaliczyły testy w pierwszym terminie, natomiast z drugiej – tylko dwie. Reszta musiała jeszcze popracować. Dużo ciekawsze były zajęcia praktyczne, w czasie których ćwiczyliśmy się w masażu. Nie obywało się przy tym bez zabawnych sytuacji.

Pewnego razu jedna z koleżanek za wiele czasu poświęciła masowaniu górnej części uda u kolegi i zrobił mu się namiot. Wiadomo, w jakim miejscu. Było to widać i reszta miała ubaw po pachy. Elżbieta natychmiast kazała mu się obrócić na brzuch.

Masaż jako metoda terapeutyczna był już znany starożytnym Grekom i Rzymianom. Jego współczesne metody wywodziły się jednak od szwedzkiego propagatora gimnastyki leczniczej profesora Pehra Henrika Linga, który stworzył metodę masażu zwaną szwedzką. Jakkolwiek masaż znalazł się w zestawie technik wspomagających leczenie stosunkowo niedawno, to jednak szybko zadomowił się w klubach sportowych, szpitalach i salonach piękności. Uznano go za ważną metodę wspomagającą rehabilitację. Polegał on w swej istocie na manipulowaniu za pomocą dłoni mięśniami, ścięgnami i więzadłami pacjenta. Był więc terapią manualną. Nie każdy jednak mógł się tym parać, bowiem wymagał znajomości anatomii i fizjologii. Nie powiem, podobało mi się to zajęcie, choć wymagało sporej siły fizycznej. Masaż relaksował, rozluźniał mięśnie, redukował napięcie, usuwał stres i bezsenność, ułatwiał krążenie krwi i limfy, przyczyniał się do dotlenienia komórek, zmniejszał ból i przynosił wiele innych pozytywnych efektów.

Jak się okazało, miałem szczególne predyspozycje do wykonywania tego zawodu. Masowałem jedną z koleżanek z grupy. Zauważyła, że mam bardzo gorące ręce, i przyszło jej do głowy, że dysponuję silną energią psychiczną. Elżbieta postanowiła to sprawdzić. Czyżbym był niczym znany uzdrowiciel, Clive Harris? Rozebrała się, położyła na stole i poleciła, bym podczas masażu znalazł źródła bólu w jej organizmie i je usunął. Gdy skończyłem, potwierdziła, że ból ustąpił.

Zapytała mnie ciekawie:

– Możesz mi powiedzieć, gdzie był umiejscowiony?

Kiwnąłem głową, że wiem. Wyczuwałem takie rzeczy.

– Na dole brzucha – odpowiedziałem. – Szedł do prawego jajnika. Ale był to także ból głowy i kręgosłupa szyjnego.

– Zgadza się – odrzekła. – Brawo! – I powiedziała do wszystkich: – Jeśli ktoś będzie odczuwał jakieś dolegliwości, niech od dzisiaj zgłasza się do mnie. Wykorzystamy nadzwyczajne zdolności naszego kolegi, by poprawić sobie stan zdrowia. On zaś przy okazji podciągnie się w praktyce.

Harrisem wprawdzie nie byłem, tym niemniej dzięki temu odkryciu polubiłem bardzo zajęcia i zaczęło mi naprawdę zależeć na tym szkoleniu. Kurs okazał się bardzo przydatny. Zacząłem szukać pracy po gabinetach medycznych i po pewnym czasie ją znalazłem. Przepracowałem jako masażysta dwa lata.

Rozdział 14

Praca u milionera

Otrzymałem ciekawą propozycję pracy. Miałem zaopiekować się chorym milionerem, pochodzącym ze znanej rodziny w USA. Nie będę podawać jego nazwiska, przyjmijmy, że nazywał się John Smith. Facet był sparaliżowany i leżał w łóżku. Był dobrym znajomym doktora, u którego pracowałem. Właśnie od niego dostałem rekomendację. Wyznaczono mi termin spotkania, wsiadłem więc do samochodu i ruszyłem w drogę.

Krezus czekał na mnie na wózku inwalidzkim. Asystował mu jego opiekun, a zarazem kierowca. Jak się potem okazało, jego anioł stróż pochodził z Polski i był rodem z Gdańska. Uzgodniliśmy warunki pracy i płacy. Wróciłem do domu i przy stole zdałem relację z tego spotkania. Opowiedziałem, co widziałem i za jaką sumę mam pracować. Były to niezłe pieniądze. Miałem dostawać za tydzień tyle, co u doktora za trzy tygodnie. Niestety, oznaczało to rozłąkę z rodziną. Tylko raz w miesiącu przysługiwało mi wolne od czwartku do niedzieli.

Marysi to się spodobało.

– Zaryzykuj – rzekła – przecież zawsze możesz zrezygnować.

Pierwszy tydzień pracy upłynął bez rewelacji. Zajmowałem się głownie zakupami i przygotowaniami do spotkań, które boss urządzał w swej rezydencji. Pomagałem kierowcy (miał na imię Roman) przy sprzątaniu w domu i wokół pływalni. Zapieprzaliśmy obaj zdrowo i Smith nie miał powodu, by na nas narzekać. Był zadowolony. Jednak nie chciał ćwiczyć, co mi się nie podobało. Zostałem wynajęty do rehabilitacji, a wylądowałem jako pomocnik kierowcy. Próbowałem wniknąć w naturę jego oporów. Być może nie do końca wierzył w to, że masaż może mu pomóc. A poza tym widocznie wolał, żeby dotykały go kobiety. Niewykluczone ponadto, że miał z masażem skojarzenia tylko erotyczne. Przy okazji tych prac zbliżyliśmy się z kierowcą do siebie. Romek mnie ostrzegł, bym uważał na to, co dzieje się na przyjęciach u bossa.

– Miej oczy otwarte – radził – ale udawaj, że niczego nie widzisz.

Nadszedł czas na party. Towarzystwo snuło się po posiadłości z wysokim szklankami i kieliszkami. Raczono się różnymi trunkami. Alkohol robił swoje i goście czuli się coraz swobodniej. Po pewnym czasie rozochoceni zaczęli się rozbierać. Lądowali w basenie. Panie nie wstydziły się golizny. Gołe dupcie, kształtne cycki.

Wydostała się z basenu rozbawiona księżniczka i zaraz przypięła się do mnie. Ciało ładne, jędrne, wyglądała na trzydzieści kilka lat. Była zadbana, więc mogła mieć więcej.

– Słyszałam, że robisz wspaniałe masaże. – Wpadłem jej w oko i zdążyła się już dowiedzieć tego i owego na mój temat. – W zasadzie jestem gotowa, wytrę się i pójdziemy do środka! – poleciła tonem nie znoszącym sprzeciwu.

Rozpaczliwym wzrokiem szukałem Romka. Zorientował się, w czym rzecz. Podszedł do mnie:

– Nie masz wyjścia – pozbawił mnie złudzeń. – Ona pytała już Smitha, czy może skorzystać z twoich usług.

Poszedłem za nią do pokoju. Stół do masażu był rozłożony. Ułożyła się na nim i rzekła rozmarzonym głosem:

– Zamawiam godzinny masaż. Masz sześćdziesiąt minut i możesz robić ze mną, co chcesz.

Zamawiałaś masaż, suko, pomyślałem sobie, to go będziesz mieć. Ale na nic więcej nie licz.

Nie minęło pół godziny, a zasnęła jak dziecko, co nie było dziwne po tej ilości alkoholu, który wypiła. Kiedy skończyłem ją masować, ocknęła się, słodko przeciągnęła i zrelaksowana orzekła:

– Muszę uzgodnić to ze Smithem. Wpadałabym tu do ciebie ze dwa, trzy razy w tygodniu. I obiecująco dorzuciła: – Nie obawiaj się jestem wypłacalna, i to w każdej postaci.

– Mnie obchodzi tylko kasa – mężnie odrzekłem, nie chcąc dać się zepchnąć do roli playboya.

– Powrócimy do tego tematu – odpowiedziała rozmarzona. – Teraz muszę iść podziękować Johnowi...

Zarzuciła ręcznik na wąskie biodra i poszła, świecąc piersiami. Ku memu zaskoczeniu, miałem wzięcie. Wymasowałem jeszcze dwie chętne, nie pozostawiając im złudzeń, że liczą się dla mnie tylko profesjonalny masaż i tylko należne za to pieniądze. Nie rwałem się do świadczenia usług erotycznych.

Po party czekało nas szybkie sprzątanie, a po nim szykował się nocny wyjazd. Romek słyszał, jak Smith umawiał się z co poniektórymi na spotkanie „o pierwszej przy drążku". Kierowca wiedział, gdzie to jest, bo był tam wiele razy.

Po północy wyjechaliśmy z rezydencji. Gdy dotarliśmy do celu, Romek wyjął wózek z samochodu, usadowiliśmy na nim Smitha i popchaliśmy go ku wejściu do naprawdę dużej hali. Ochroniarze wpuścili nas bez słowa, a jeden z nich zaprowadził nas na miejsce.

Byliśmy w dużym klubie go-go. Dziewczyny tańczyły przy słupkach, rozbierając się i pokazując wszystko, co miały do pokazania, oczywiście nie za darmo. Rozsiedliśmy się z Romkiem i czekamy na to, co będzie.

Kierowca mówi:

– Widzisz tę tabliczkę z numerami od jeden do trzydzieści? Gdy naciśniesz któryś, to tancerka z tym numerem przyjdzie tu i pokaże ci, co tylko zechcesz. Ale musisz mieć szmal w garści.

Pomyślałem sobie, że byłbym idiotą, gdybym na coś takiego wyrzucał pieniądze. W czasie party i podczas masażu naoglądałem się już wystarczająco.

Odezwała się muzyka i zaczęła się prezentacja tancerek. Dziewczyny były zgrabne i ładne. Było na czym oko zawiesić.

Zerknąłem na Romka. Z zapartym tchem oglądał wyginające się dziewczyny. Omal mu oczy z orbit nie wyszły.

– Co się tak dziwisz? Nigdy nie byłem żonaty, to chociaż sobie

79

popatrzę. – A potem się ożywił. – Panie Józefie, którą nagą dupkę chcesz pan zobaczyć? Ja funduję.

Cholera, sponsor, pomyślałem sobie. Na odczepne wybrałem laleczkę. Była to ciemnoskóra dziewczyna z Kolumbii. Wykonała popis, o który Romek ją poprosił, zainkasowała dziesięć dolców i zmyła się, bo przy następnym stoliku zaświecił się jej numer.

– Fajna była – rozmarzył się Romek. – Gdybym chciał pójść na całość, sto pięćdziesiąt zielonych musiałbym wydać. Restaurację buduję w Polsce, więc nie mogę rozrzucać szmalu na prawo i lewo – dodał ze smutkiem.

Pokaz skończył się po dwóch godzinach, panienki miały półgodzinną przerwę, a my zabraliśmy się do domu. Zajechaliśmy nad ranem do rezydencji i boss został położony do łóżka. Ja jednak nie mogłem zasnąć. Miałem za dużo wrażeń. Pierwszy raz widziałem, jak bawią się ludzie, którzy nie muszą liczyć się z pieniędzmi. Mogli szastać nimi na prawo i lewo. Było to dla mnie na swój sposób szokujące.

Romek zapowiedział jeszcze jedną wycieczkę. Miała się wkrótce odbyć. Zaznaczył jednak, że innym samochodem.

– Jak to innym?– zapytałem.

– Przyjechałeś cadillakiem, nie? Wiem, że to stary model, chociaż dobrze utrzymany. Czy pamiętasz, jak boss cię poprosił, byś go nim podwiózł na zakupy? Uznał, że masz duży bagażnik, to więcej wejdzie.

– Jasne – odrzekłem.

– Smithowi spodobała się ta marka. Zadzwonił do salonu samochodowego, żeby mu przysłali materiały reklamowe. Interesowały go szczególnie cadillaki. Jeżeli poprawnie dedukuję, to jest wysoce prawdopodobne, że nasz boss sprawi sobie w tym tygodniu najnowszy model tej firmy. Mała zachcianka milionera. Idąc dalej tym tropem, dodam, że dopiero wtedy pojedziemy do fabryki farbowania skór, której jest właścicielem.

Jak nam życie pokazało, Roman umiał przewidywać kolejne kroki milionera. Na parkingu pojawił się bowiem nowiutki cadillac, ja zaś otrzymałem polecenie ustawienia mojego samochodu w mniej eksponowanym miejscu. Potem boss zapowiedział, że pojedziemy do farbiarni. Miał tam spotkanie z udziałowcami. Nie było to blisko, a jazda zajęła nam przeszło trzy godziny. Dotarliśmy na miejsce. Przed nami ciągnęły się budynki fabryki. Nie wjechaliśmy jednak na teren zakładu. Naszym celem był gmach obok. Przy wejściu stało dwóch bardzo wysokich ochroniarzy w czarnych skórzanych płaszczach, pod którymi znaczyła się broń. Powiało zbrodnią. Pomyślałem sobie, że tak ubierają się ludzie z mafii. Roman zdążył mi przypomnieć, żebym trzymał mordę na kłódkę. Byliśmy dobrze pilnowani. Ludzie z obsługi zaprowadzili nas do restauracji. Wskazali nam stolik, a sami usiedli przy następnym. Po chwili jeden z nich podszedł i powiedział, że możemy jeść wszystko z karty, ale bez alkoholu.

– Tylko po dwa piwa! – zaznaczył i wrócił do swojego stolika.

Trzeba powiedzieć, że jedzenie było wyśmienite, posiedzieliśmy trochę i posłuchaliśmy dobrej muzyki. Kiblowaliśmy tam dosyć długo. Wreszcie pojawił się wysłannik bosa i powiedział, że szef oczekuje nas w samochodzie. Gdy wstaliśmy od stolika, kelner dał nam po torbie na pamiątkę. Panowie w skórach, jakby w lęku o to, że możemy pobłądzić, odprowadzili nas do cadillaca. Smith był w dobrym humorze i dał nam ekstra po pięćdziesiąt dolców.

Zastanawiałem się, jakie jeszcze ćwiczenia powinienem zaaplikować bossowi, aby moja praca zaczęła przynosić konkretne rezultaty. Zauważyłem, że w wyniku moich masaży wracała mu siła w nogach. Zaczynał sam się podnosić i trzymając się chodzika, stawiał pierwsze kroki. Szukałem sposobu, żeby go jeszcze bardziej zmobilizować. Pomógł mi w tym przypadek.

Któregoś dnia, gdy zacząłem z nim ćwiczyć na świeżym powietrzu, na parking zajechał sportowy samochód i wysiadła z niego nie pierwszej młodości kobieta. Była szczupła i płomiennie ruda. Zdumiała się.

– Co ja widzę, stanąłeś wreszcie na własnych nogach? Chodź do mnie, kochanie, a nagroda cię nie ominie!

Wtedy boss się poderwał i zaczął dzielnie ku niej kroczyć, naturalnie, z moją asekuracją. Ruda wprowadziła go do wnętrza. Może nie był to cud, ale szedł, co było najważniejsze.

W chwilę później z domu wyjrzał Roman.

– Co to za jedna?– zapytałem.

– Tu się kręci około sześciu bab. Każda przychodzi tu z viagrą, po czym próbuje go wyhaczyć dla siebie. Sprawa jest prosta, on ma forsy jak lodu, a one to kochają. Stąd te unikalne zawody, która da mu lepiej. Poza tym naprawdę lubią ten sport i w ogóle się nie krępują. Założę się, że jak się dowie, kim jesteś i co u niego robisz, to jeszcze dzisiaj będziesz ją masował. A poza tym następne party już wkrótce...

Romek miał rację. Ruda wyszła do nas, uśmiechając się radośnie.

– Dużo się o tobie nasłuchałam i postanowiłam sprawdzić, jaki jesteś dobry. Zafundujesz mi masaż?

Nie miałem wyboru. Przecież robiłem tu za służącego. Pokój był przygotowany, więc babka wyskoczyła z ciuchów i rozłożyła się na stole. Po skończonym zabiegu zadowolona wróciła do bossa.

Jeśli chodziło o kolejne party, to Romek też miał rację. Musiałem wymasować sześć przyjaciółek naszego patrona. Wcale mi się to nie uśmiechało.

Kończył się pierwszy miesiąc mojej pracy u milionera i miałem dostać kilka dni wolnego. Nadszedł czas na podsumowania. Jak się okazało, było to zajęcie, które miało swoje plusy i minusy. Może pomagałem staremu, jednak miałem dość użerania się z rozwydrzonymi babami, które pchały się w moje ręce. Domyślałem się, że jeśli nie zacznę spełniać zachcianek przyjaciółek bossa, wcześniej czy później dojdzie do konfliktu. Kiedy podejmowałem tę pracę, miałem nadzieję, że spełnię się jako osoba pomagająca bliźnim w powrocie do zdrowia. Niestety, niewiele z tego wyszło. A poza tym tęskniłem za moją kapitalną żoną i dziećmi. Nie odpowiadała mi długa rozłąka.

Dzieliłem się mymi rozterkami z Romanem. Przewidywał, że to koniec.

– Będzie mi bardzo smutno, jak wyjedziesz i nie wrócisz. Do kogo dzioba otworzę? Zostanę sam.

Prognozy Romana się sprawdzały. Nie miałem zamiaru wracać do milionera. W środę wieczorem pożegnałem kumpla i ruszyłem w drogę. Na wszelki wypadek wymieniliśmy się numerami telefonów, bo jak to mawiano: góra z górą się nie zejdzie, ale człowiek z człowiekiem może. Do domu zajechałem już po północy. Uciechy było co nie miara, gdyż po drodze kupiłem trzy duże pizze.

– Dobrze, że przyjechałeś, a na jak długo?

– Ja tam już nie wrócę, mam dość niewolnictwa – rozstrzygnąłem po męsku. – Pieniądze to nie wszystko, honor też trzeba mieć.

Mimo oporów, wróciłem do milionera. Jednak w sumie przepracowałem u niego tylko trzy miesiące.

Rozdział 15

Nowe perspektywy

Maria dowiedziała się, że szukają pracowników w jednym ze sklepów w dużym centrum handlowym. Przeszła z powodzeniem przez rozmowy kwalifikacyjne i została skierowana na szkolenie komputerowe. Potem zaczęła pracować za całkiem niezłe pieniądze. To mnie zdopingowało do dalszych wysiłków. Po pożegnaniu milionera od nowa szukałem zajęcia i zabrałem się za kolejne kursy przygotowawcze. Przeszkolenia stawały się naszą obsesją. Namawiałem Marię, by też się za to brała i korzystała z każdej okazji, jaka się nadarzy. Były one z reguły bezpłatne, a poza tym dawały szansę na większe pieniądze. Pracując w sklepie, żona załapała się na specjalny kurs modnego ubierania się na różnego rodzaju przyjęcia, bale, konferencje i podobne uroczystości. Ukończyła go z wyróżnieniem. Otrzymała specjalny dyplom i podwyżkę. Wychodziły z niej uzdolnienia artystyczne.

Któregoś dnia wróciła z pracy zmęczona, ale uśmiechnięta.

– Dzisiaj dałam popis! – pochwaliła się. – Ponieważ miałam mniej klientów, zaprojektowałam stół reklamowy, na którym znalazły się nasze rzeczy do sprzedaży. Ledwo skończyłam, a klienci zaczęli się wokół niego gromadzić i oglądać moje dzieło. Wezwano głównego menadżera, zrobiono zdjęcia, a menadżer jak nikomu podał mi rękę i pogratulował. Tak mu się to podobało.

A ja na to żartobliwie:

– Marysiu, nie myj tej ręki, bo farta zmyjesz!

Pozostawało faktem, że od tej pory jeśli klient miał wątpliwości lub nie umiał dobrać dla siebie rzeczy, odsyłano go do tej „mądrej Polki".

Marysia opowiadała mi o różnych historiach, związanych z jej pracą w sklepie. Wszędzie były kamery. Sądziła, że są skierowane bardziej na pracowników niż na klientelę, ale przekonała się, że tak nie jest. Obsługiwała kogoś, aż tu nagle zadzwonił telefon. Odebrała i usłyszała głos faceta z *security*:

– Nie spiesz się z tym dżentelmenem, nie wypuść go z rąk, my tam zaraz będziemy. I nie daj mu nic poznać po sobie!

Za chwilę podeszło do jej stanowiska dwóch menów z ochrony i zatrzymali klienta.

– Pan pójdzie z nami, proszę nie uciekać i nie wykonywać gwałtownych ruchów, bo może się źle skończyć!

Facet nie miał innego wyjścia, bez słowa udał się z nimi na zaplecze.

– Na podsumowaniu dnia dowiedziałam się – zdawała mi relację Marysia – że tego gościa obserwowano już od dłuższego czasu, aż go wreszcie przyłapano. Facet wchodził do sklepu z reklamówką. Plątał się, rozglądał, a szczególną uwagę poświęcał markowym koszulom. Czasami je kupował, czasami nie. Któregoś dnia go zaczepili i spytali, co ma w reklamówce, lecz on z uśmiechem odpowiedział, że koszule do pralni. Zapomniał zostawić reklamówkę w samochodzie. Nie było jak mu udowodnić, że kłamie. Aż do dziś. Dzisiaj właśnie ktoś z ochrony ujrzał na monitorze, że „kolekcjoner koszul" wszedł do przymierzalni w jednej, a wyszedł w zupełnie innej. Można go było przyskrzynić.

Następnego dnia Maria została zaproszona do gabinetu menadżera. Osobiście pogratulował jej opanowania i spokoju. Za pomoc w ujęciu złodzieja dostała bon o wartości pięćdziesięciu dolarów.

Nie była to jedyna ciekawa historia. W okresie Bożego Narodzenia Maria znalazła złoty pierścionek z brylantem. Jako osoba uczciwa zaniosła go do menadżera. Po dwóch tygodniach wezwano ją do jego biura. Menadżer wstał i powiedział:

– Słuchaj, Mario, ten pierścionek jest teraz twój. Mamy zasadę, że jeżeli ktoś nie zgłosi się do dwóch tygodni po rzecz, którą zgubił w sklepie, to ten, kto ją znalazł, staje się jej właścicielem.

W okresie świątecznym oferowano specjalne karty dla stałych klientów, dające ich właścicielom zniżki na nabywane towary. Kompania, w której Maria pracowała, miała ponad sześćset sklepów zlokalizowanych w całej Ameryce. Konkurencja była więc ogromna, tym niemniej Maria jako kontaktowa osoba przekonała do tych kart rekordową liczbę klientów. Znalazła się w pierwszej dziesiątce sprzedawczyń. Nie obyło się bez zdjęcia w gablocie i gratulacji od menadżera sklepu. Przyjechała też specjalna komisja z szefostwa firmy w Nowym Jorku. Przeprowadzono wywiad z Marią, a pytano ją między innymi o receptę na skuteczne przekonywanie klientów. Chciano skorzystać z jej doświadczeń.

Pamiętam dobrze wieczór, kiedy mi to opowiadała, i muszę powiedzieć, że byłem z niej dumny.

Szukałem dalej pracy, szukałem, ale póki co bez rezultatu. Aż tu któregoś dnia praca sama przyszła do mnie. Zadzwoniła dyrektorka szkoły, w której uczyłem się masażu. Umówiła się ze mną na spotkanie. Maria od razu się domyśliła, co mogło się stać. Uznała, że Igor znalazł lepiej płatną pracę i zrezygnował z wykładania w szkole. Na wszelki wypadek starannie się przygotowałem. Przejrzałem dyplomy. Nie było źle, zestaw był imponujący. Ukończyłem kursy akupresury, refleksologii, usuwania bólu przy pomocy elektroakupunktury, opanowałem *Trigger Point Performance Therapy*. Wziąłem je wszystkie w teczkę i pojechałem do szkoły.

Dyrektorka zaproponowała mi kawę. Zapytała, co robiłem ostatnio, więc jej opowiedziałem. Przyznałem się, że jestem obecnie na etapie szukania nowej pracy. Wyjąłem z teczki dyplomy. Przejrzała je i przeszła do rzeczy.

– To się dobrze składa – rzekła – bo właśnie chciałam się zapytać, czy nie chciałbyś nauczać u nas masażu. Można by kurs nawet poszerzyć, bo masz uprawnienia z akupresury i refleksoterapii. Oczywiście, o ile cię taka praca interesuje. Mogę ci płacić tyle a tyle. – Tu wymieniła sumę, która mi się odpowiadała. – Nie musisz dzisiaj odpowiadać, skonsultuj to z rodziną i w ciągu trzech dni daj mi odpowiedź.

Pożegnała mnie i wróciłem do domu. Nie potrzebowałem trzech dni na namysł, bo byłem pewny, że podejmę tę pracę. Uznałem, że zadzwonię do dyrektorki już następnego dnia. Nie chciałem, by znalazła kogoś na moje miejsce. Wieczorem spotkaliśmy się wszyscy w pokoju telewizyjnym. Opowiedziałem o mojej wizycie u dyrektorki i o tym, co myślę o jej propozycji. Rodzina radośnie przyklasnęła. Grzesiu pozwolił sobie na żartobliwy komentarz.

– Popatrzcie państwo, i kto by przypuszczał? A ja już myślałem, że ten czas, który poświęciliśmy na uczenie cię angielskiego i innych rzeczy, nie był ani czasem przeszłym, ani przyszłym, tylko czasem straconym...

– Jak widzisz, pomyliłeś się! – powiedziałem, klepiąc go po plecach. Nie było takiego czasu w podręcznikach gramatyki.

Zadzwoniłem do dyrektorki, przekazując jej moją decyzję. Poprosiła, bym przyjechał i zapoznał się z podręcznikami, z których miałem uczyć. W szkole czekały na mnie książki. Od dyrektorki otrzymałem szczegółowe instrukcje dotyczące kursu. Musiałem się przygotować tak do wykładów, jak do testów. Ja w roli nauczyciela! Tego jeszcze nie było. I pomyśleć, że zaczynałem w Ameryce od brudnej pracy fizycznej. Na kurs zapisało się dwanaście osób. W pamiętny poniedziałek odbyło się spotkanie zapoznawcze z udziałem pani dyrektor.

Każdy przedstawił się z imienia i nazwiska oraz mówił, skąd pochodzi. Były tylko dwie białe Amerykanki, poza tym Chinka, Wietnamka, trzy Jamajki, czterech młodych ludzi z Haiti i Meksykanka. Jak widać, w USA nie brakowało miejsca dla różnych narodowości i ras. Stany Zjednoczone potrzebowały ludzi do pracy. Każdy mówił z innym akcentem i byłem ciekawy, co z tego wyniknie. Zajęcia miały się odbywać od ósmej do dwunastej, następnie po godzinie przerwy od pierwszej do czwartej. Mogłem się spodziewać, że na piątą będę w domu.

Po przerwie każdy dostał karteczkę samoprzylepną. Miał napisać na niej swoje imię i umieścić ją w widocznym miejscu. I zaczęła się zabawa. Niektórzy mieli imiona nie do zapamiętania, więc musieli wymyślić sobie pseudonimy. Chinka miała takie samo imię

87

jak Wietnamka – Lee. Doszliśmy do wniosku, że skoro Chiny są starszym państwem, to Chinka zostanie Lee, a Wietnamka – Lee Lee.

Na następnych zajęciach postanowiłem sprawdzić, jak moi uczniowie czytają. I ogarnęła mnie groza. Niestety, nie czytali, a dukali. Poszedłem z tym do dyrektorki, która stwierdziła, że muszę sobie z tym jakoś poradzić.

Kiedy wróciłem do klasy, musiałem mieć nietęgą minę, gdyż ktoś mnie zapytał, czy dobrze się czuję. Wyjaśniłem im, w czym rzecz.

– Najpierw musicie się nauczyć czytać i rozumieć, co czytacie. Nie wstydźcie się i do tego się przyłóżcie. Zakaszcie rękawy. Mam nadzieję że koleżanki, które urodziły się w USA, będą wam pomocne. Ja z kolei będę starał się wszystko wam wytłumaczyć najprościej, jak umiem.

I zaczęła się jazda pod górę. Okazało się, że koleżanki Amerykanki też nie czytają płynnie, ale nieco więcej rozumieją. W końcu dobrnęliśmy do zajęć praktycznych. Te były znacznie ciekawsze, bo można było coś robić, a nie tylko siedzieć i słuchać. I poziewywać w rękaw.

Odbyła się pokazowa lekcja masażu. Nie obyło się bez adrenaliny. Zapytałem, czy któraś ze studentek chce być wolontariuszką. Zgłosiła się jedna z Amerykanek i nim się zorientowałem, już stała naga przy stole. Towarzystwo osłupiało ze zdumienia.

Zareagowałem ze stoickim spokojem.

– Nie stój tak, bo zmarzniesz, połóż się na stole i przykryj ręcznikiem.

Gdy się położyła, zapytałem, gdzie pracuje. Wtedy się okazało że ona i jej koleżanka robią striptiz w nocnym klubie. Nie mogło być śmieszniej. Przyzwyczajenie było drugą naturą i nie można było tego zmienić.

Czas płynął, zajęcia regularnie się odbywały i powoli zbliżaliśmy się do połowy kursu. Trzeba było zabrać się za przygotowanie testów.

Poprosiłem o pomoc Karolcię. Zaczęliśmy rozmawiać i córka się przyznała, że ma chłopaka, za którego chce wyjść za mąż. Kończył medycynę rok wcześniej od niej i zamierzał zostać ginekologiem. Podobnie jak ona.

Zachęciłem ją, żeby go do nas przyprowadziła.

– Poznamy człowieka – rzekłem z uśmiechem – sprawdzimy, czy się nadaje.

Za jakiś czas przyszedł. Miał na imię Janusz. Przystojny, wysportowany, czarne włosy i oczy. Płynnie mówił po polsku. Było widać, że Marysi się spodobał, mnie zresztą też. Jak się okazało, przyjechał z rodzicami do USA, gdy miał dwanaście lat.

– To miło, że nie zapomniałeś języka polskiego – powiedziałem.

– Nie mogłem zapomnieć – odrzekł – ponieważ co dwa lata jeździłem na wakacje do Polski.

Pokrótce opowiedział o swojej rodzinie. Jego tato był magistrem inżynierem i wykładał na studiach w Krakowie, a teraz to samo robił na jednym z tutejszych uniwersytetów. Natomiast mama Janusza, także magister inżynier, poszła tutaj do szkoły i pracowała jako pielęgniarka w szpitalu. Janusz miał jeszcze siostrę Alicję, która wyszła za mąż i mieszkała w Kalifornii.

Chłopak był z poczuciem humoru, mądry i z tego, co było widać, zaradny. Mogłem być dumny z Karolci, że tak wybrała. Nie pozostawało nam nic innego, jak zaakceptować związek i stopniowo zacieśniać kontakty z jego rodziną. Pod tym względem zdaliśmy się na młodzież.

Rodzice Janusza okazali się ludźmi nie tylko wykształconymi, ale również kulturalnymi i lubiącymi się pośmiać. Gustowali w dowcipach, znali ich dużo i umieli je opowiadać, co przecież nie każdy potrafił. Gdy przyszli, chętnie śpiewali przy zastawionym stole.

Rozdział 16

Własny biznes

Marysia postanowiła spróbować sił w biznesie. Miała ambitne plany. Zwyciężyła w niej pokusa, by przejść na własny garnuszek. Zwierzyła mi się, że chciałaby otworzyć sklep z ubraniami męskimi, koszulami i z eleganckimi sukniami. Jak na naszą rodzinę, był to pomysł całkiem nowy, tym niemniej szybko zaczęliśmy przekuwać słowa w czyn. Pod jej dyktando ruszyliśmy do dzieła. Najpierw poszukaliśmy niedrogiego miejsca przy ruchliwej ulicy w przyzwoitej dzielnicy. Wybór padł na budynek, w którym mieściło się już kilka firm, a wolny lokal był na miarę naszych oczekiwań. Dogadaliśmy się z właścicielem, podpisaliśmy umowę i mogliśmy zaczynać.

Nasze ukochane dzieci pomagały nam we wszystkim, począwszy od sprzątania, mycia szyb i innych prac porządkowych. Zwoziliśmy sprzęty niezbędne w sklepie. Nie sądziłem, że tyle różnych spraw trzeba będzie załatwić. Żona się rozkręcała i podziwiałem jej upór. Zamarzył się jej nie tylko sklep, ale również pracownia krawiecka. Mieliśmy robić poprawki klientom, ale ponadto szyć oryginalne damskie kreacje w krótkich seriach. Grzegorz zaczął się rozglądać za kimś, kto byłby zainteresowany współpracą handlową. A w następnej kolejności za lokum pod zakład krawiecki.

Szybko przyszły pierwsze zamówienia i Maria musiała wynająć krawcowe. Była wybredna. Przewinęło się chyba ze dwanaście kobiet. Jeżeli liczyłem, że zatrudni młode zgrabne dupcie, to się przeliczyłem. Zostawiła dwie, starsze wiekiem, wychodząc z założenia, że w jej biznesie dobrze mają się prezentować kolekcje ubrań, a nie zatrudnione pracownice. Miała rację, ale cóż, byłem mężczyzną, więc wolałbym zawiesić wzrok na miłej dziewczęcej buzi, a nie na damskim manekinie. Pierwszą partię bluzek i spódnic oceniono bardzo dobrze i w związku z tym dostaliśmy większe zamówienie. Już nie po czterdzieści, ale po dwieście sztuk. Okazało się, że nasz odbiorca rozprowadzał swoje wyroby w Anglii, Francji i Włoszech, a w USA – w Nowym Jorku i w Kalifornii. Wbrew moim obawom, poszło Marii w miarę gładko i biznes zaczynał się kręcić. Do sklepu przychodzili klienci, zainteresowani wystawionymi kolekcjami. Nadeszły wakacje, więc nie miałem wykładów w szkole. Zastanawiałem się, jak spożytkować wolny czas. Uderzyłem z tym do Karolci, która jak dotąd była najlepszym moim doradcą. Przewidywałem, że na pewno wymyśli coś niecodziennego. No i faktycznie, wymyśliła. Wypaliła, żebym otworzył własny gabinet masażu leczniczego.

– Jesteś w tym dobry, kupisz kilka urządzeń – do elektrostymulacji, ultradźwięków – nie mówiąc o podstawowym wyposażeniu. Pracowałeś w niejednym takim gabinecie, więc się orientujesz, co jest potrzebne. Zarejestrujesz się, a my z Januszem – mówiła – będziemy do ciebie kierować pacjentów z bólami kręgosłupa i innymi dolegliwościami, na przykład po wypadkach samochodowych. Z biegiem czasu pocztą pantoflową rozejdzie się, to najlepsza z reklam, że warto korzystać z twoich usług.

Przedyskutowałem ten projekt z Marią. Poparła go, więc zatarłem ręce i zacząłem szukać miejsca na gabinet. Pomógł mi przypadek. Wracaliśmy samochodem ze sklepu Marii i wpadła nam w oczy wystawiona w witrynie informacja, że jest do wynajęcia lokal na cele medyczne.

Wróciliśmy tam następnego dnia. Drzwi otworzył nam starszy mężczyzna, który okazał się okulistą, a zarazem właścicielem całego budynku. Był Żydem i miał na imię Salomon. Obejrzeliśmy oferowane pomieszczenie. Podobało mi się, choć cena była wygórowana. Dał nam formularz umowy i powiedział, byśmy przeczytali w domu i podpisali.

Wsiedliśmy do samochodu. Miałem pewne obawy.

91

- Coś mi się tu nie podoba - powiedziałem do Marii. - Za szybko wsunął mi tę umowę do ręki. Musi tam być jakiś hak. Skonsultowaliśmy się z Grzegorzem. Powiedział, żebyśmy się ceną nie przejmowali. Zawsze można się potargować. Natomiast moje przeczucia dotyczące umowy trochę go zaniepokoiły. Daliśmy mu formularz i zaznaczyliśmy że mamy dwa dni na podjęcie decyzji. Obiecał przestudiować warunki wynajmu. W międzyczasie byłem zainteresowany innymi lokalami. Szukałem wzrokiem napisów *For rent*. Jadąc samochodem, trafiłem na kolejne ogłoszenie. Od ręki się zatrzymałem. Rzeczony punkt mieścił się w wysokim budynku, po przeciwnej stronie ulicy ulokował się duży sklep, więc uznałem, że panuje tu ruch. Znalazłem menadżera, który pokazał mi wolne pomieszczenia. Znajdowały się na czwartym piętrze. Była winda, cena wydawała mi się przystępna, niższa niż u Salomona, ale nie umiałem się zdecydować. Postanowiłem tu wrócić z żoną i synem. Zgodził się, prosząc, bym wcześniej zatelefonował.

Grzegorz czekał na mnie z rewelacjami. W umowie małym druczkiem było napisane, że właściciel może w każdej chwili zerwać umowę i zarekwirować cały sprzęt wynajmującego bez podawania przyczyn.

- Ty masz tylko same obowiązki, a żadnych przywilejów. Jak pokazałem tę umowę mojemu koledze prawnikowi, to się za głowę złapał. Przy okazji sprawdził, kim jest właściciel. Okazało się, że Salomon jest prominentnym działaczem w diasporze żydowskiej, więc trudno byłoby wygrać z nim w sądzie. Poradził, byśmy nawet do niego nie dzwonili.

Grzegorz zdyskwalifikował też mój następny wybór. Ledwo podjechaliśmy przed budynek, który odwiedziłem poprzedniego dnia, a już z sarkazmem zauważył, że gmach nie ma okien.

- Lokalizacja dobra, ty jednak musisz być na parterze, aby wszyscy, którzy wchodzą, widzieli twój gabinet. A skoro budynek nie ma okien, to nie ma gdzie wywiesić reklamy firmy. Jeśli będzie w środku budynku na tablicy ogłoszeniowej, to mało kto ją przeczyta. Daj sobie z tym spokój, poszukajmy czegoś lepszego.

Grzesiu znalazł coś następnego dnia. Zabrał nas, zaparkowaliśmy. Przed nami widniał napis: lokal do wynajęcia. Zaprosił nas na kawę. Kazał nam czekać i poszedł zatelefonować. Nie powiem, pasowało mi to miejsce. Kawa też była dobra. Wrócił, a po chwili podeszła do naszego stolika kobieta.

– Grzegorz? – zapytała.
– Tak, to ja – odpowiedział syn. – A to moi rodzice.
– Jak skończycie, to zapraszam!

Poszliśmy oglądać. Przed wejściem Grzegorz nas ostrzegł:
– Bez zachwytów, twarze pokerzystów. Ja rozmawiam, wy słuchacie.

Lokal bardzo mi się spodobał, pokoje i ubikacja. Zgodnie jednak z wolą chłopaka nie odezwałem się ani słowem. Grzegorz pogadał z menadżerką, a potem odesłał nas do samochodu.

– Poczekajcie na mnie, idę z nią do biura.

Wrócił po pół godzinie i oznajmił, że w sobotę podpiszemy umowę o wynajem.

Pierwszy etap mieliśmy zatem za sobą. Należało teraz pomyśleć o kasie. Taki gabinet sporo kosztował, a jego wyposażenie nie było tanie. Podliczyliśmy wszystko, co należało kupić, i wyszło na to, że na dzień dobry potrzebujemy dwadzieścia pięć tysięcy dolarów. Kupa szmalu. Ludzie, głowa puchła! Nikt z nas taką sumą nie dysponował. Wypadało pomyśleć o zaciągnięciu kredytu.

Grzegorz zadzwonił w tej sprawie do kolegi mecenasa. Ten nami właściwie pokierował, podał adres banku, powiedział, do kogo się zgłosić, i wyliczył dokumenty, które należało zabrać ze sobą.

Następnego dnia wybraliśmy się pod wskazany adres. W banku obsłużono nas grzecznie, zaś ze względu na wysokość naszych zarobków dano nam pożyczkę w wysokości pięćdziesięciu tysięcy dolarów. Jeżeli spłacilibyśmy kredyt w terminie, moglibyśmy ponownie liczyć na taką samą sumę.

W sobotę poszliśmy podpisać umowę. Otrzymaliśmy klucze i mogliśmy się urządzać. Pomyślałem wtedy o naszym proboszczu z Polski. Musiał mieć jakieś dojścia do Pana Boga, bo nasze modlitwy zostały wysłuchane.

Ruszyliśmy ostro do pracy. Urządzanie gabinetu zajęło sporo czasu. Na full był gotowy dopiero po miesiącu. Lodówki, łącze internetowe. Przyszedł stolarz, aby zrobić specjalną ladę w recepcji i okienko do rejestracji pacjentów. Przywieziono nam trzy stoły do masażu, jeden stół do masażu mechanicznego, elektrostymulator, aparat do ultradźwięków i pozostałe elementy wyposażenia. Zamawiałem je w różnych firmach, szukając korzystnych cen. Postanowiłem zaopatrzyć się ponadto w specjalny sprzęt do ćwiczeń. Grzegorz zainstalował w komputerze programy do obsługi mojej działalności, dzięki czemu mogłem drukować sobie niezbędne dokumenty. W końcu zapięliśmy wszystko na ostatni guzik i mogliśmy dokonać oficjalnego otwarcia.

Takie biznesy otwierało się przy niedzieli, polscy biznesmeni tylko wtedy mieli trochę wolnego czasu, nie mówiąc o proboszczu polskiej parafii. Duży transparent z balonami zachęcał do korzystania z zabiegów po promocyjnych cenach. Gości nie zabrakło. Choć lokal nie był mały, trzeszczał w szwach.

Kiedy to wszystko mieliśmy za sobą, okazało się, że to nie taka prosta sprawa – ściągnąć klientów. Mój biznes stanął w miejscu. Gabinet był, chętnych do korzystania z usług nie było. Bezczynnie siedziałem, czekałem i z rzadka odbierałem telefony. Ta monotonia bardzo mi doskwierała.

Należało pomyśleć o reklamie, dźwigni handlu. Oferowane przeze mnie usługi wymagały nagłośnienia. Wynajęliśmy osobę do roznoszenia ulotek. Wydrukowaliśmy pięć tysięcy sztuk. Grzegorz się tym zajął. Zgłosiła się szesnastolatka, mówiąca po angielsku, hiszpańsku i kreolsku. Z rozmowy wynikało, że to dość obrotna osóbka i sobie poradzi.

Do promowania się w gazetach nie byłem przekonany. Tanie, drobne informacje przepadały w morzu ogłoszeń. Duże kolorowe reklamy na pół lub na całą stronę były zaś za drogie, jak na moją kieszeń. Mogli się na nie decydować ci, którzy od lat siedzieli w swojej branży, rozkręcili interes i dysponowali większymi środkami.

Siedząc w samotności przy milczącym aparacie telefonicznym, miałem czas na gorzkie rozmyślania i refleksje. Byłem znakomitym masażystą. I co z tego? Potencjalni klienci nic o mnie nie wiedzieli. Ćmy leciały do światła, a ludzie ciągnęli po produkty, które znali z krzykliwych reklam. Nie mieli rozeznania, które towary są naprawdę dobre, a które złe. Taka była smutna rzeczywistość. Druga sprawa, która mnie nurtowała, to pogoń za pieniędzmi. Prawie wszyscy chcieli się za wszelką cenę wzbogacić. Milioner, u którego pracowałem, kpił sobie z tej pokusy. Bogaty będzie bogatym, ironizował, a biedny biednym. I tak zostanie. Od zarania dziejów świat składał się z biednych i bogatych, a amerykańska droga od pucybuta do krezusa w praktyce była fikcją. Z małymi wyjątkami. W związku z tym zastanawiałem się, czy nie próbujemy z Marią wycisnąć z życia za dużo. I czy pogoń za pieniędzmi nas nie zrujnuje. Można było bardzo łatwo się potknąć. Mieliśmy dwa biznesy i spore pożyczki do spłacenia. Gdyby powinęła się nam noga, to zmiłuj się.

Rozdział 17

Z Nowego Jorku do New Britain

Niestety, biznesowy start okazał się falstartem, a szumne plany zaczęły brać w łeb. Nad nasze głowy nadciągnęły burzowe chmury. Gorzej: zawisł nad nami topór kata. Jakimś cudem zadarliśmy z kimś wpływowym. Z kim? Jeden Bóg raczył wiedzieć. Musieliśmy wynosić się z Nowego Jorku. Czekała nas szalona przeprowadzka. Świeciło słońce. Podjechałem przed sklep Marii i zabiło mi z wrażenia serce. Stał przed nim, niby strażnik, wysoki facet w czarnej koszuli i w czarnym płaszczu ze skóry. Takich trefnych ochroniarzy widziałem w fabryce Smitha. Moje myśli się rozpierzchły.

Blada na twarzy Maria czekała na mnie. Ledwo otworzyłem drzwi, a ona mówi:

– Józiu, panowie czekają na ciebie. Pokazali mi twoje zdjęcie, więc musiałam potwierdzić, że to ty.

Mieli moje zdjęcie? W sklepie było dwóch drabów w czerni. Wyższy osobnik się odezwał:

– Mamy prośbę, chcemy, abyś nam pomógł. Jeżeli pójdziesz nam na rękę, zaopiekujemy się twoim sklepem i nie będziesz musiał pracować.

– Dobra panowie, ale nie rozumiem, o co chodzi?

- Wiemy, że nie dasz sobie w kaszę dmuchać. Zadanie jest proste. Chodzi o przeprowadzenie samochodu ciężarowego z jednej strony mostu na drugą. Przejedziesz nim na Manhattan, a my cię przywieziemy z powrotem do sklepu. Zapachniało grozą. Propozycja była nonsensowna. Do sklepu albo na cmentarz. Pułapka? Pocałujcie mnie w dupę, szepnąłem w myślach, chcę jeszcze żyć. Próbowałem się wykręcić i nie dać się wciągnąć w tryby zbrodni.

- Nigdy nie jeździłem samochodami ciężarowymi, nie umiem nimi kierować, nie mam na nie prawa jazdy. Wpadnę na barierę na moście i spieprzę wam robotę. To pewnie kosztowny ładunek, więc nie można go powierzać tak niepewnej osobie jak ja.

Wysłuchali cierpliwie mojej argumentacji, skinęli głowami, po czym nic nie mówiąc, wyszli ze sklepu.

Byliśmy nieźle przestraszeni. Marysia poszła na zaplecze i popłakała się. Jednak po chwili otrząsnęła się, wzięła telefon i zadzwoniła do naszego znajomego, z pochodzenia Włocha. Przyjechał dość szybko, bo z tonu jej głosu wynikało, że coś złego się stało.

Włoch mówił głośno i wylewnie gestykulował. Na obiedzie w jego restauracji pojawili się niebezpieczni faceci. Musieli gdzieś w pobliżu wykonywać jakieś zlecenie. Doskonale wiedział, kim byli. Włączyliśmy telewizor, żeby zagłuszyć naszą konwersację. Leciały wiadomości. Speaker mówił, że zaginął duży samochód ciężarowy z przyczepą z towarem o wartości pięciuset pięćdziesięciu milionów dolarów. Na całe szczęście znaleziono go niedaleko mostu. Wymienił jego nazwę. Brakowało towaru na około milion dolarów.

Zrobiłem się blady jak ściana. Wyobraziłem sobie, że pokazują moje zdjęcie jako zamieszanego w tę aferę. Albo jako zastrzelonego kierowcę uprowadzonej ciężarówki.

W wieczornych wiadomościach powrócono do tego tematu. Karolcia zauważyła, że to kilka przecznic od mamy biznesu. I wtedy się zaczęło. Maria ze łzami w oczach poprosiła, byśmy pomodlili się za tatę, gdyż znalazł się w niebezpiecznym położeniu. Opowiedziała całą historię, przytaczając komentarze przyjacielsko nastawionego Włocha. Dzieci nie rozumiały tej sytuacji. Wydawała im się nieprawdopodobna i niepasująca do amerykańskich realiów. – Może trzeba pójść na policję? – zapytał Grzegorz. Nikt jednak nie podjął tego wątku.

Z Włochem spotykaliśmy się od czasu do czasu. Któregoś wieczoru Antonio zasiedział się ze mną u Marii w sklepie do jedenastej wieczorem. Wyszliśmy wszyscy razem, noc trafiła się mroźna, był koniec lutego i lekko sypał śnieg. Patrzę na mój samochód. Mróz pozostawił na szybach wzory. Ktoś na zaśnieżonej karoserii wypisał palcem jakieś słowa. Nie były po angielsku. Antonio obszedł wóz dookoła, odczytał je, po czym szpetnie zaklął.

– Jedźmy szybko do was, *porca mizeria*, powiem wam, co się stało!

Wsiedliśmy szybko, zatrzasnęliśmy drzwi, a tu naraz szyba w samochodzie rozsypała się w drobny mak. Potem następna. Usłyszeliśmy dwa wystrzały. Pochyliliśmy głowy. Ruszyłem ostro z miejsca, dodając gazu. Po drodze co rusz zerkałem we wsteczne lusterko, ale wydawało mi się, że nikt nas nie goni.

Przez głowę przebiegł mi huragan myśli. Przypuszczałem, że wpływowi mafiosi wzięli mnie za kogoś innego. Ktoś dopuścił się tragicznej w skutkach pomyłki. Byłem niewinny i nikomu nie deptałem po odciskach. Ale komu miałem to wyjaśnić? Przed kim się usprawiedliwić i skruszyć?

W domu Antonio nabrał ochoty na kawę i koniak. Jego rady były proste.

– Sprawa jest poważna, Joseph nie ma się jak wykręcić – perorował. – Następne strzały mogą okazać się celne. Musicie czym prędzej zniknąć z Nowego Jorku. Uciec do innego stanu. Wykorzystajcie swoje znajomości i poszukajcie gdzieś miejsca dla siebie. Ja ze swojej strony będę próbował wam pomóc.

Dzieci wróciły do domu, więc opowiedzieliśmy im całe zdarzenie, łącznie z zaleceniami Włocha. Należało zwijać manatki. Główkowaliśmy, co zrobić. Rano przejrzałem umowę wynajmu gabinetu masażu i odkryłem, że mogę ją wcześniej rozwiązać. Brakował mi niecały miesiąc.

Wieczorem nadal wałkowaliśmy ten temat. Perspektywa przeprowadzki stawała się coraz mniej mglista. Pojawiła się nazwa stanu – Connecticut. Wacek miał tam kilku dobrych kolegów, więc mógł liczyć na ich pomoc. W międzyczasie wróciła z pracy Maria. Dowiedziała się od Włocha, że w Connecticut otwierają nowy sklep w jej sieci. Z jej referencjami pracę miała tam pewną. Tyle tylko, że należało gdzieś niedaleko znaleźć mieszkanie. Ledwo Maria skończyła, gdy do domu przyszła Karolcia ze swoim chłopcem. Powiedzieliśmy im, do czego doszliśmy. Janusz stwierdził, że mógłby sobie załatwić staż w Hartford, była to stolica tego stanu, a potem postarać się o podobny staż dla Karolci. Najmniej problemów było z Grzegorzem i Marcelką. Uwielbiali zmiany i podróże, więc bez wahania zaakceptowali wyjazd.

Klamka zapadła, przenosimy się do Connecticut. Należało zdecydować się na jakieś miasto. Janusz oświadczył, że największa Polonia jest w New Britain, połowa mieszkańców to Polacy, a stamtąd do Hartford jest o rzut beretem. Po chwili ciszy wszyscy przystali na tę lokalizację.

– No to do dzieła – powiedziałem. – Mówcie, kto co załatwił. I ruszamy na podbój Ameryki!

Uporaliśmy się z naszymi biznesami i nie pozostało nam nic innego, jak zacząć się pakować. Na wyjazd wybraliśmy datę pierwszego kwietnia. Nie czekała nas jednak wyprawa na koniec świata. Z Brooklynu do New Britain było sto dziesięć mil, a trasa biegła wzdłuż wybrzeża.

Dwa dni wcześniej pojechaliśmy podpisać umowę najmu. Znaleźliśmy mieszkanie na czwartym piętrze w budynku dla sześciu rodzin. Widoki z okna były ładne, rysowała się panorama miasta, a słońce zaglądało do mieszkania od samego rana. Co rusz ocieraliśmy się o ludzi mówiących po polsku. W okolicach Broad Street było położonych wiele sklepów, punktów usługowych i ośrodków kultury, prowadzonych przez Polaków. Zapowiadało się ciekawie.

Nie miałem jednak szczęścia z przeprowadzką. Wprawdzie pocieszano mnie, że klimat tam jest umiarkowany, z dość łagodną zimą i ciepłym oraz wilgotnym latem, ale nastąpiło nagłe załamanie pogody. W telewizji zapowiadano śnieżyce. Przed południem wyjechałem z Grzegorzem zapakowanym do pełna samochodem.

99

Śnieg prószył, padał coraz bardziej, bielił wszystko i w końcu drogi prawie nie było widać. Początek kwietnia, a tu nagły nawrót zimy. Takie anomalie tu się zdarzały. Dojechaliśmy do New Britain. Jedna droga wjazdowa okazała się nieprzejezdna, wybraliśmy drugą. Napadało strasznie, zaspy wielkie, do połowy samochodu. Zakopaliśmy się w śniegu jakieś siedemdziesiąt pięć metrów przed domem. Zezowate szczęście, utknęliśmy prawie na finiszu. Stoimy, nie wiedząc, co robić. Zadzwoniliśmy do znajomych: ratujcie. Po niejakim czasie ściągnęło kilku menów i po wielu trudach wepchnęli nas na wjazd pod dom. Dalej się nie dało. Nowi koledzy pomogli nam wszystko wnieść na górę, więc wypadało ich ugościć. Od rana niczego nie miałem w ustach, bo ciągle byłem w biegu. Znalazłem pół chleba, konserwy rybne, herbaty w torebkach, kilka piw. Potem sobie przypomniałem, że w samochodzie mam schowaną butelkę spirytusu. Zszedłem po nią. Reszta towarzystwa szukała naczynia, w którym można by zrobić herbatę. W końcu znalazł się garnek. Były też plastikowe kubki. Przyjęcie nie należało do wystawnych. Pół kubka herbaty, pół kubka spirytusu, kęs chleba z rybką z puszki. Na szczęście znajomi nie balowali długo, bo lękali się o przysypane samochody.

Zostałem sam z Grzegorzem. Czułem się zrąbany jak koń po westernie. Nasze komórki się rozładowały, a telefon w mieszkaniu nie był jeszcze podłączony, więc nie miałem jak zadzwonić do Marii. Ponieważ dysponowaliśmy tylko materacem, więc chcąc nie chcąc, położyliśmy się na nim i przykryliśmy się dywanem, bo nic innego nie było. Na takim posłaniu przekimaliśmy noc.

Rankiem zapukaliśmy do sąsiadki, Portugalki i z jej telefonu zamówiliśmy olej do grzania. Dostarczyli go nam w godzinę. Następnie zadzwoniliśmy do Marii, informując, że wracamy do Nowego Jorku po resztę rzeczy.

Kolejny kurs z Brooklynu do New Britain był już koncertem na cztery samochody. Oprócz mnie pojechali Maria, Marcelka i Grzegorz. Na szczęście w nowym domu już było ciepło. Pojawił się pracownik kompanii telefonicznej i podłączył nam telefon. Mogliśmy odetchnąć, bo mieliśmy połączenie ze światem. Pod wieczór zadzwonił Wacek, by przekazać, że potrzebuje jeszcze dzień lub dwa, by uporać się ze swoimi sprawami, i że potem do nas dotrze. Tak więc wszystko zaczęło się układać. W sobotę po południu byliśmy prawie wszyscy razem. Brakowało do kompletu jeszcze Karolci, która pod opieką Janusza została w Nowym Jorku. A w niedzielę poszliśmy do kościoła. Należało zapisać się do nowej parafii. Kościół był ładny i pełen ludzi, a msza odbywała się po polsku.

Polacy zaczęli się pojawiać w New Britain już pod koniec XIX wieku, a z kolejnymi dekadami zaczęło ich przybywać. Szybko stworzyli samowystarczalną enklawę, w której wszystkie potrzeby mówiących po polsku mogły być zaspokojone. Były tu dwie parafie rzymskokatolickie z polonijnymi kapłanami i celebrą w języku polskim. A w związku z tym również dwa polskie cmentarze. Przy Orange Street mieścił się kościół pod wezwaniem Najświętszego Serca Pana Jezusa, zaś przy Biruta Street kościół pod wezwaniem Świętego Krzyża.

Maria otrzymała telefon, że ma się zgłosić na rozmowy w nowym miejscu pracy. Podobny telefon otrzymał Wacek. Pojechałem razem z żoną. Okazało się, że centrum handlowe, w którym miała pracować, było oddalone od nas o około dwadzieścia pięć minut jazdy. Pomyślałem sobie, że nie jest źle. Żona wyszła z rozmów z wymiernym efektem. Zaczynała od najbliższego tygodnia. Na początek zaproponowali jej dwa dolary więcej za godzinę niż w poprzednim miejscu pracy.

Wacek wrócił także zadowolony z rozmów. Tworzono przedsiębiorstwo z kilkoma filiami, on zaś miał uruchomić system komputerowy, wspólny dla wszystkich placówek. Był informatykiem pełną gębą. Pieniądze dostał dobre, więc musiał tylko zakasać rękawy. Zapytałem, czy może postarać się o pracę dla Grzegorza, który kończył studia na tym samym kierunku. Obiecał się tym zająć.

Zastanawiałem się nad Marcelką. Szło jej dobrze na studiach, ale nie miałem pojęcia, że została członkiem reprezentacji w piłce siatkowej i że jest jedną z najlepszych zawodniczek. Chciały ją ściągnąć do siebie inne drużyny uniwersyteckie. W New Britain znajdował się Central Connecticut State University. Poszła tam porozmawiać i wróciła zadowolona.

Z gabinetu masażu nie zrezygnowałem, ale postanowiłem prowadzić go w domu. Z pomocą Wacusia zaprojektowałem ulotki, a dzieci poszły poroznosić je po kościołach. Znalazła się też praca dla mnie. Przeczytałem w polskiej gazecie, że w jednym ze szpitali potrzebują licencjonowanego masażysty. Zgłosiłem się tam i mnie przyjęli. Nie było tego dużo, miałem pracować dwa razy w tygodniu, we wtorki i czwartki, po cztery godziny. Nie obiecywali kokosów, ale za to, co zarobiłem, mogłem kupić jedzenie na tydzień.

Szukałem sposobu, by ściągnąć ludzi na zabiegi. W tym celu zacząłem obchodzić polskie firmy. Przy tej okazji trafiłem do jednego z medycznych centrów amerykańskich i udało mi się znaleźć dodatkową pracę. Niestety, tylko raz w tygodniu, w każdą środę. Miała ona swoje plusy. Było to pięć minut od domu handlowego, w którym pracowała Maria, więc mogliśmy spotykać się na lunchu.

Po kilku tygodniach odwiedził nas Antonio. Wpadł którejś niedzieli do nas i od razu zaczął wynosić Marcelkę pod niebiosa.

– Widziałem – mówił – jak grała w reprezentacji swojego nowego uniwersytetu. Została wybrana zawodniczką meczu! – Był nią zauroczony. – Dziewczyna ma dynamit w rączkach i przypuszczam, że gdyby komuś przyłożyła w głowę, to nokaut pewny.

Marcelka miała sto osiemdziesiąt sześć centymetrów wzrostu i ważyła siedemdziesiąt pięć kilogramów. Musiałem zadzierać do góry głowę, gdy z nią rozmawiałem. Od dawna nie była tym drobnym dzieckiem, z którym opuszczaliśmy Polskę.

Antonio przyjechał do New Britain, bo – jak powiedział – chciał coś zmienić w moim życiorysie. Okazało się, że jeden z jego starych przyjaciół zakładał szkołę masażu i szukał kogoś, kto poprowadziłby całotygodniowe wykłady.

– Płaci dobrze, podejmujesz rozmowy?

– No pewnie – odpowiedziałem.

Należało kuć żelazo, póki gorące. Antonio zadzwonił do owego znajomego i od razu pojechaliśmy do niego.

Wszędzie pachniało świeżością i widać było, że szkoła jest jego oczkiem w głowie. Dogadaliśmy się bez trudu. Miałem przygotować sobie plan nauczania i stawić się za trzy tygodnie. Wkrótce przekonałem się, że Antonio był moim prawdziwym wybawcą, nagrywając mi to zajęcie. Straciłem bowiem pracę w dwóch poprzednich miejscach. W szpitalu się okazało, jak powiedziała mi dyrektorka departamentu fizykoterapii, że nie przyznano im środków na prowadzenie tego rodzaju działalności. Pieniędzy mieli tylko na miesiąc. W centrum medycznym, w którym pracowałem w środy, też mi wymówiono. Chińczyk, który przede mną był tam zatrudniony, a wyjechał do Chin robić interesy, wrócił i chciał odzyskać pracę. Pod pewnymi względami z nim przegrywałem, bowiem reprezentował okrzyczaną tradycję, liczącą sobie kilka tysięcy lat. Do dorobku wschodniej medycyny naturalnej należały, obok masażu, akupunktura i akupresura, odpowiednia gimnastyka (*qigong*), ziołolecznictwo i dieta. Egzotyka jak się patrzy!

Trzy tygodnie minęły i trzeba było zameldować się w szkole. Dyrektor przyjął przygotowaną przeze mnie dokumentację i zapoznał mnie z partnerem, który odpowiadał za sprawy kształcenia studentów. Bardzo miły i przystojny facet. Ten również ją zaakceptował, choć z małymi poprawkami.

Na liczbę dziesięciu studentów aż sześciu rozmawiało po polsku. Odniosłem wrażenie, że będzie to dla mnie dużym ułatwieniem. Polacy byli ambitni i mieli raczej dobrą pamięć. Gdyby czegoś nie rozumieli, to mogli z łatwością uderzyć do mnie. Też przecież mówiłem po polsku.

103

Rozdział 18

Kuszące Floryda

Któregoś dnia przyszedł Grzegorz ze swoją dziewczyną i mi ją przedstawił.

– Justyna – powiedział krótko. Za krótko. – Wybieramy się na dziesięć dni do Kalifornii – oznajmił.

Był to najludniejszy, najbogatszy oraz trzeci co do wielkości, po Alasce i Teksasie, stan USA. Wybrzeże Pacyfiku. Los Angeles, San Diego, San José i San Francisco... Odległość? Około dwóch tysięcy ośmiuset mil, czyli ponad cztery tysiące czterysta kilometrów. Tyle, co w Europie z Lizbony do Moskwy. Cóż miałem czynić? Nie mogłem mu zabronić. Tym niemniej miałem złe przeczucia. Byłem ojcem i zapachniało mi nagle rozstaniem. Dla nas to było prawie jak na księżyc. Gdy wróciła Maria z pracy, podzieliłem się z nią moimi obawami. Niepokoiłem się, że Grzegorz będzie chciał nas na stałe opuścić.

– A może też byśmy wyskoczyli na kilka dni? Tyle że na Florydę? Trochę bliżej? Bolek z Ireną oraz z Edek i Jagodą już tam byli. Co o tym sądzisz? Może uda się nam stworzyć rozsądną alternatywę?

Na razie pomysł zawisł w próżni, ale wkrótce nabrał barw. Znajoma zaprosiła nas na niedzielny obiad. Poszliśmy do niej, a tam spotkaliśmy Janusza, którego dawno nie widzieliśmy. Okazało się, że mieszka w Pompano Beach na Florydzie i jest właścicielem motelu. Dogadaliśmy się z nim i ustaliliśmy, że wpadniemy do niego na trzy, cztery dni.

Po powrocie do domu Maria przypomniała sobie, że na Florydzie ma koleżankę, Jasię, która już wiele razy nas zapraszała. Wcześniej nie mieliśmy okazji jej odwiedzić. Postanowiła, że do niej zadzwoni. Nadeszły wakacje, w mojej szkole zajęcia dobiegły końca, więc miałem labę. Maria postarała się o dwa tygodnie urlopu bezpłatnego. Mogliśmy ruszyć w podróż. Ale nie sami. Żona zaproponowała, byśmy zabrali ze sobą Zbyszka, sympatycznego faceta, którego poznaliśmy w New Britain. Byliśmy z nim na kilku imprezach kulturalnych. Kiedyś wspomniał, że też chciałby wybrać się na Florydę. Maria uznała, że razem z nim byłoby nam raźniej. Doskonale radził sobie z kamerą, więc mogliśmy się spodziewać, że naszą wycieczkę utrwali dla potomnych.

Zbyszek zgodził się z nami zabrać. Nie mogliśmy jednak zwlekać, bo nabrał zamówień na filmowanie chrzcin, wesel oraz innych uroczystości, więc musiał szybko wrócić do CT. Wzięliśmy się więc do galopu i spakowaliśmy walizki. Nie minęły dwa dni, a znaleźliśmy się w drodze.

Ruszyliśmy późnym wieczorem. Z New Britain do Pompano Beach było ponad tysiąc trzysta pięćdziesiąt mil, co przekładało się na około dwadzieścia godzin jazdy. Minęliśmy Nowy Jork, kierując się ku Filadelfii, a następnie ku Baltimore. Trasa biegła przez kilka stanów: New Jersey, Maryland, Virginię, Północną i Południową Karolinę i Georgię. Umówiłem się ze Zbyszkiem, że będziemy prowadzić na zmianę. Nie było zresztą innego wyjścia. Po nocy w podróży nadszedł dzień, mijały godziny, rozmawialiśmy i oglądaliśmy krajobrazy.

Późnym popołudniem dotarliśmy do Florydy, stanu położonego na ogromnym półwyspie, otoczonym przez wody Zatoki Meksykańskiej na zachodzie i Oceanu Atlantyckiego na wschodzie. Niedaleko stąd były Karaiby, Kuba, Haiti, Puerto Rico i wyspy Bahama. Czuło się inny klimat. Egzotyczna roślinność. Rzucały się w oczy palmy. W pierwszej kolejności trafiliśmy do Jasi. Mieszkała ze swoją siostrą, Stefanią. Obie okazały się bardzo sympatyczne i było dużo radości ze spotkania po latach. Powróciły wspomnienia spędzonych razem chwil. Niestety, zmęczenie dawało nam się we znaki, więc wzięliśmy prysznic i poszliśmy spać. Rankiem zjedliśmy śniadanie i wybraliśmy się nad Atlantyk. Oglądałem wiele razy ocean, ale na północy. Tam woda była ciemnozielona i chłodna, tutaj zaś błękitna, czysta i ciepła. Była okazja, by się wykąpać. Baraszkowaliśmy na plaży. Zbieraliśmy muszelki. Na obiad wstąpiliśmy do restauracji serwującej pizzę na wiele sposobów. Trzeba powiedzieć, że bardzo nam smakowała.

Ustaliliśmy, że następnego dnia z samego rana pojedziemy ze znajomym Jasi i Stefanii na ryby. Wieczorem mieliśmy okazję go poznać. Było trochę piwa, wina i koniaku. Nie za dużo, bo „ryba może poczuć". Niestety, ani mnie, ani Zbyszkowi nie udało się nic złapać. Natomiast nasz nowy znajomy złowił aż sześć sztuk. Powiedział, żebyśmy się nie przejmowali. Wspomniał, że gdy przyjechał na Florydę, to przez pierwsze trzy miesiące też nie miał szczęścia. Na każdego z towarzystwa przypadła więc jedna ryba, a wieczorem panie przyrządziły z nich kolację.

Korzystając z okazji zadzwoniłem do Janusza, pytając, kiedy możemy u niego się pojawić.

– Nie ma sprawy, przyjeżdżajcie jutro – zachęcił nas przez telefon. – Mam parę kroków do plaży, wykąpiemy się i pogadamy.

Janusz przyjął nas serdecznie. Zanurzeni w jego basenie, gadaliśmy przy drinkach do drugiej w nocy. Gospodarz roztaczał przed nami uroki życia na Florydzie.

– Po pierwsze pogoda, po drugie pogoda i po trzecie pogoda – wyciągnął w moją stronę trzy palce. – Tutaj za rejestrację samochodu nie płacisz jak w Connecticut. Taksa jest jedna, a tam za wszystko bulisz osobno. Jeżeli kupisz dom, to przez większą część roku masz z głowy ogrzewanie, bo jest gorąco. Od września do kwietnia, czyli przez osiem miesięcy. Jak na to byś nie spojrzał, uzbiera się spora sumka – przekonywał. – Skorzystasz ponadto z dwudziestopięcioprocentowej ulgi w podatkach. – Ciągnęliśmy przez słomkę drinki, wsłuchując się w jego wywody. Przedkładał swoje racje ze spokojem i pewnością siebie. – Biorąc pod uwagę

106

to wszystko, podjąłem decyzję o przeprowadzeniu się na Florydę i tego nie żałuję – zakończył, stawiając kropkę nad i. Zabił nam niezłego klina i mieliśmy o czym myśleć przez resztę nocy. Kusiła nas Floryda. Po latach spędzonych na północy wydawała się rajem. Była najbardziej na południe wysuniętym stanem USA. Jednak doszliśmy z Marią do wniosku, że powinniśmy najpierw wysłuchać relacji Grzegorza z Kalifornii, a dopiero zastanowić się nad tym, co dalej. Nie należało zanadto szarżować. U Janusza spędziliśmy jeszcze dwa dni, zwiedzając liczące sto tysięcy mieszkańców Pompano Beach i jego okolice. Miasto było nie tylko słoneczne, ale także czyste i zadbane, nie zaś takie jak Nowy Jork czy New Jersey, nie mówiąc o skupiskach w Connecticut. Miało zabytkowe centrum. A poza tym plaże, plaże, plaże... W granicach administracyjnych miasta ciągnęły się one na przestrzeni pięciu kilometrów. Ludzie byli jacyś inni, wydawało się, że bardziej przyjaźni. Pamiętali by powiedzieć: „Dzień dobry, jak się masz?". Nie żyli w takim pośpiechu jak jankesi. Z tym akurat ktoś mógłby się nie zgodzić, ale ja miałem na myśli nasze własne odczucia, a nie całego świata. Na pierwszym miejscu był tu język angielski, na drugim hiszpański. Nie brakowało atrakcji sportowych i turystycznych. Nurkowanie, golf, surfing, sporty wodne, wycieczki, rejsy po Karaibach...

Wracając na północ, wstąpiliśmy jeszcze raz do Jasi i Stefanii. Tym razem, żeby się pożegnać. Nikt z nas nie wiedział, kiedy znowu się zobaczymy.

W drodze powrotnej rozważaliśmy hipotetyczne miejsca „lądowania" na Florydzie. Jasia i Stefania mieszkały w okolicy słabiej zaludnionej i mniej zagospodarowanej. Do sklepów miały daleko. My natomiast grawitowaliśmy ku rejonowi, który wybrał sobie Janusz. Do Miami od niego można było dojechać w czterdzieści pięć minut. Takie położenie dawało mnóstwo możliwości. Musieliśmy mieć wokół siebie ruch, a tam go nie brakowało.

Przyjechaliśmy zmęczeni, ale szczęśliwi. Byliśmy zadowoleni z podróży. Pozostało teraz czekać na relację Grzegorza. I co się okazało? Kalifornia była piękna, lecz droga. Nie był specjalnie zachwycony. Wieczorem trzeba było wkładać cieplejsze rzeczy, tak samo z rana. Zrobił sobie zdjęcia w Oceanie Spokojnym, tyle tylko że musiał wejść do bardzo zimnej wody. I czym się miał chwalić? Gęsią skórką? Porozumiewawczo zajrzeliśmy sobie z Marią w oczy. Kalifornia zaczynała przegrywać z naszymi marzeniami. Żona zaczęła zastanawiać się nad przeniesieniem służbowym. Ja zaś w dalszym ciągu pracowałem w domu. Jeśli przyszli klienci, to zarobiłem, a jeśli się nie pojawili, to nie. Któregoś dnia Maria po powrocie z pracy zdradziła mi, że załatwią jej przeniesienie, jeżeli pofatyguje się sama na Florydę i na miejscu dogada się z menadżerem któregoś ze sklepów. Były dwa, jeden w Fort Lauderdale, mieście nad Atlantykiem, a drugi w West Palm Beach. Była to najdalej na północ wysunięta miejscowość zwartego obszaru zurbanizowanego południowej Florydy.

Postanowiliśmy, że ostrożnie zapytamy Grzegorza, czy pomoże załatwić mamie pewną sprawę na Florydzie. Niechętnie wspomniał, że ma znajomych w Sarasocie. Należało polecieć samolotem do Fort Lauderdale i tam wypożyczyć samochód. Powoli wciągaliśmy go w naszą pułapkę. Niepostrzeżenie, krok po kroku. Zależało nam na tym, żeby wybrał się z nami, zobaczył Florydę na własne oczy i w niej się zakochał.

Pozbierałem moje papiery, z których wynikało, że jestem masażystą, i zadzwoniłem do szkoły w Pompano Beach w sprawie uzupełnień. Dogadaliśmy się. Powiedzieli mi, jakie przedmioty będę musiał zdać, aby cieszyć się licencją na Florydzie.

No i znowu ruszyliśmy w drogę. Razem z Grzesiem. Do samolotu odwiózł nas Wacek. Po trzech godzinach lotu z przesiadką byliśmy w Fort Lauderdale. Było to miasto liczące około stu pięćdziesięciu tysięcy mieszkańców. Do Pompano Beach mieliśmy stąd nieco ponad dziesięć mil. Wypożyczyliśmy samochód i zadzwoniliśmy do Janusza. Okazało się, że do motelu przyjechały niespodziewanie cztery osoby, więc wolny pokój mógł mieć dopiero wieczorem następnego dnia. Postanowiliśmy więc najpierw pojechać do Sarasoty. Tak też zrobiliśmy. Nie powiem, odległość była spora, blisko cztery godziny jazdy. Był to ośrodek ulokowany nad Zatoką Meksykańską, zatem po zachodniej stronie półwyspu. W Sarasocie kolega Grzesia pokazał nam piękny zachód słońca, który trwał niestety bardzo krótko. Rano wyruszyliśmy na plażę, która miała piasek tak bielutki jak śnieg. Bardzo fajnie to wyglądało, woda była ciepła, ale nie tak jak w Pompano Beach. Nie było fal. Dosłownie stała jak w jeziorze. Było to o tyle zrozumiałe, że przybrzeżne wody oddzielał od pełnego morza ciągnący się kilometrami wąski cypel, zamieniający je w zatokę. Specjalnych atrakcji nie zauważyłem, przynajmniej w tych miejscach, które odwiedziliśmy. Następnego dnia pojechaliśmy do Janusza, zjedliśmy kolację i poszliśmy się kąpać w basenie. Tym razem krócej, bo tylko do pierwszej w nocy. W międzyczasie Grzegorz wypytywał Janusza o tutejsze realia. Interesowało go, jak tu się żyje i co można robić ciekawego. Oczywiście, w sensie zawodowym. Z samego rana zabrałem dokumenty i pojechałem do szkoły. Byłem na wykładach, a potem wróciłem do motelu. Następnie wybraliśmy na obiad, a przy okazji zwiedziliśmy okolicę. Zauważyliśmy z Marią, że Grzegorzowi zaczęło się tu podobać bardziej niż w Kalifornii. Wieczorem znowu się kąpaliśmy, a ja rano poszedłem na egzaminy, które udało mi się zaliczyć. Przyniosłem wyniki i z dumą pokazałem synowi. Dopiero teraz zorientował się, co knujemy. Zrozumiał, że planujemy kolejną przeprowadzkę. Nie dawało mu to spokoju, bo pojął, że próbujemy pokrzyżować jego plany. Maria załatwiła na miejscu, co chciała. Dowiedziała się, że jej przeniesienie jest możliwe. Po przeprowadzce na Florydę miała zgłosić się do pracy.

Rozdział 19

Do Pompano Beach

Przyszedł list z biura gubernatora z gratulacjami oraz z moją licencją i był to w jakimś sensie dla nas punkt zwrotny. Od tej pory nieugięcie grawitowaliśmy ku Florydzie. Gdzie najlepiej, jeśli nie w ciepłych krajach? Nie spodziewaliśmy się, że uda nam się pociągnąć za sobą szeroką falą całą rodzinę. Minął jednak rok, nim udało nam się urzeczywistnić nasze plany. W międzyczasie mieliśmy inne sprawy na głowie. Szykowała się ważna rodzinna uroczystość i myśleliśmy o niej już w zimie. Karolcia i Janusz zamierzali się pobrać. Na Wielkanoc. Sposobiła się udana para lekarzy. Wacek też zaczął przebąkiwać o ślubie.

Nadeszła wiosna, czas biegł, a do wesela Karolci było coraz bliżej. Rozmawialiśmy z państwem młodych tydzień przed ślubem i w pewnym momencie Janusz wypalił:

– Nie myślcie, że tylko wy macie dla nas prezent ślubny. My też mamy coś dla was.

– To bardzo ładnie z waszej strony, a co to takiego?

– Dostaliśmy pracę w West Palm Beach na Florydzie. Mało tego, moi rodzice załatwiają sobie przeniesienia służbowe. Też na Florydę. Gdyby tutaj zostali, mogliby nas odwiedzać najwyżej raz na sześć miesięcy. A to dla nich za mało. Chcą być blisko nas.

Nie mógł nas bardziej tym ucieszyć.

W końcu nadszedł dzień ślubu. Byliśmy bardzo przejęci i zatroskani o to, żeby wszystko wypadło jak należy. Maria i ja czytaliśmy z ambony podane nam przez księdza fragmenty z Pisma świętego. Głos mojej żony drżał ze wzruszenia. Panna młoda miała wspaniałą suknię ślubną, a w ręku trzymała bukiecik kwiatów. Przyjęcie przygotowali rodzice Janusza. Z dużą pompą. Bawiło się około dwustu gości. Przy okazji zaprezentowaliśmy nasze umiejętności muzyczne. Nasza kapela dała blisko godzinny koncert. Skład był następujący: Wacek – organy, Grzegorz – perkusja, ja – gitara, Maria – wokal, Marcelka – wokal i instrumenty perkusyjne. Gościom weselnym nasz występ się spodobał. Po koncercie podchodzili do naszego stolika i nam gratulowali. Wesele trwało prawie do białego rana, a do tańca grał zespół, z którym ze Zbyszkiem miałem już okazję współpracować. Prawdziwi profesjonaliści.

Czas biegł, zaś my stopniowo przygotowywaliśmy się do przeprowadzki. Ku mej radości, Grzegorz przekonał się do naszego pomysłu. Czynił postępy na polu zawodowym. Zdobył licencję agenta nieruchomości. Ostatecznie zdecydował, że też przeniesie się na Florydę.

Zbliżały się kolejne wakacje. Wypożyczyliśmy dużą ciężarówkę z przyczepą na samochody. Zapakowaliśmy wszystko co możliwe do samochodu ciężarowego, na lawecie stanęła zapakowana po dach honda Marysi i moja toyota camry, również wypchana po brzegi. Maria jechała ze mną w ciężarówce, a Grzegorz rozgościł się w mojej toyocie.

Jazda była dość uciążliwa, nie dało się pędzić szybciej niż siedemdziesiąt pięć mil na godzinę, więc w połowie nocy musieliśmy zatrzymać się na nocleg.

Następnego dnia pod wieczór dotarliśmy do Pompano Beach. Kiedy dojechaliśmy przed motel Janusza, gospodarz powitał nas po staropolsku, czyli chlebem i solą, oraz oczywiście szklaneczką koniaku. Mieliśmy łzy w oczach.

– Jednak dopięliście swego – powiedział Janusz.

– Jesteśmy charakterne ludzie – odpowiedziałem z dumą.

Musieliśmy znaleźć lokum, w którym moglibyśmy przechować nasze manele. Rankiem Janusz przedzwonił w kilka miejsc i po namyśle odesłał nas na Copans Road. Powiedział nam, jak tam dojechać. Nie było to daleko od niego. Na miejscu doszliśmy do wniosku, że skorzystamy z dwóch wnętrz. Jedno było z klimatyzacją, konieczną ze względu na sprzęt wyposażony w elektronikę, a drugie na resztę naszego dobytku. Zaczęliśmy się od razu rozpakowywać. Marysia pomagała nam jak mogła. Zeszło nam kilka godzin. Oddaliśmy ciężarówkę z przyczepą do wypożyczalni samochodów i poczuliśmy się dziwnie wolni. Zjedliśmy coś po drodze i wróciliśmy do Janusza. Mogliśmy zacząć załatwiać inne sprawy. Na pierwszy rzut poszła praca dla Marii. Pojechaliśmy więc do Fort Lauderdale, gdzie mieścił się jeden ze sklepów jej sieci. Zapraszała nas wdzięczna nazwa „Galeria". Szefowa kadr przyjęła nas kawą. Okazało się jednak, że ten sklep został zamknięty. Mimo wszystko pamiętano o Marii. Miała być zatrudniona w tej samej firmie, tyle tylko, że w West Palm Beach. Było to około czterdziestu mil na północ od Pompano Beach. Urzędniczka zasugerowała, by od razu tam podjechać. Dała Marii mapkę i obiecała, że zaraz tam zadzwoni.

Dopiliśmy kawę i pojechaliśmy. Mapa bardzo nam pomogła i szybko znaleźliśmy kadry. Maria na miejscu uzupełniła dokumentację i dowiedziała się, że może podjąć pracę w tutejszym sklepie za dziesięć dni. Mieliśmy to odfajkowane.

Grzegorz znalazł sobie zajęcie w swoim nowym zawodzie, czyli sprzedawcy domów i biznesów. Floryda uchodziła za jeden z najlepszych rynków nieruchomości. Ja też szukałem zajęcia, aż znalazłem. Płacili nieźle, ale były to tylko trzy dni w tygodniu, poniedziałek, środa, piątek, od jedenastej do dziewiętnastej. Miałem nadzieję, że znajdę sobie jeszcze coś na pozostałe dwa dni tygodnia.

W międzyczasie nasze grono się poszerzyło. Dziewczyna Grzegorza skończyła studia. Syn pojechał po nią i przywiózł na Florydę. Justyna była przedsiębiorcza i załatwiła sobie pracę przez telefon. Zaczęła pracować w biurze projektów reklam. Wszystko na komputerach.

Tymczasem musieliśmy opuścić Janusza i przejść na swoje. Nasz miły gospodarz dostał faksem informację, że wybiera się do niego aż dziesięć rodzin z Niemiec. Turyści z Europy. Wszystkie pokoje w motelu byłyby więc zajęte. Pojęliśmy to bez zbędnych słów, czas sielanki się skończył. Nie należało psuć stosunków dobrosąsiedzkich, ani też przeszkadzać człowiekowi w biznesie, szczególnie takiemu, który nam rękę podał. Grzegorz w mig uporał się z tym zadaniem. Znalazł dla nas własne cztery kąty. Wsiedliśmy w samochód i pojechaliśmy. Od Janusza było to ze dwie mile. Obejrzeliśmy dom. Dwie sypialnie podobnej wielkości, niewielka garderoba, jedna łazienka i duży salon. Działka za domem też duża. Od czegoś należy zacząć, powiedzieliśmy sobie. Grzegorz podpisał umowę i mogliśmy się wprowadzać.

Gdy przywieźliśmy nasze rzeczy z magazynu przy Copans Road, domek dziwnie zmalał. Mieliśmy sporo tych maneli. Sytuację uratował garaż, który zapakowaliśmy aż pod sufit. Już po pierwszej przespanej nocy postanowiłem z Marią, że Grzegorz musi nam poszukać czegoś większego. Należało kupić dom z prawdziwego zdarzenia. Jedna łazienka nie wystarczała.

Po niejakim czasie Grzesiu znalazł nam dom z basenem. Miał dwie łazienki. Z przodu palmy i trawa do koszenia. Wkrótce staliśmy się oficjalnie właścicielami tej posesji. Wymagała jednak rozmaitych remontów. Należało wymienić zawilgocone wykładziny dywanowe. Położyć płytki. Zainstalować nową klimatyzację. Z boku domu była wiata, pod którą można było schować samochód. Były także pomieszczenia na pralkę i suszarkę. Doszliśmy z Marią do wniosku, że z wiaty możemy zrobić ładny pokój z łazienką i urządzić tam gabinet masażu. Oczywiście, nie obyło się bez kolejnej pożyczki. Grzegorz wybrał nam bank. Remonty trwały dość długo, a pozwolenie na używanie pokoju na gabinet masażu otrzymałem w dniu urodzin Marii.

Pojawiły dwie komisje, miejska i stanowa. Sprawdzono, czy wszystko zgadza się z przepisami, i podpisano niezbędne dokumenty. Mogliśmy zacząć się reklamować.

Grzesiowi podobał się nasz dom, jednak zdecydował się zamieszkać osobno.

Tymczasem zbliżało się Boże Narodzenie. Nie miało tu ono jednak charakteru zimowego święta. Z nieba nie sypał śnieg, a temperatura powietrza sięgała dwudziestu kilku stopni Celsjusza. Postanowiliśmy, że wigilię urządzimy u nas w domu, a w pierwszy dzień świąt pojedziemy do Karolci i jej męża do West Palm Beach. Mieli tam już być rodzice Janusza. Marcelka zamierzała przyjechać dwudziestego grudnia. Chciała zrobić nam niespodziankę, więc oficjalnie nic o tym nie wiedzieliśmy. Dobra nasza, mówiłem sobie, już niedługo znajdziemy się wszyscy razem, i to na słonecznej Florydzie! Liczyłem na to, że w przyszłości będziemy częściej się spotykać.

Czekaliśmy na Marcelkę. Żona przygotowała dla niej poczęstunek. Koło siedemnastej słyszę dzwonek u drzwi. Otwieram. A tu przed drzwiami widzę Marcelkę, Grzegorza i dwie inne osoby odwrócone plecami. Oczom nie wierzę. Wacek i jego narzeczona, Elżbieta.

– Witajcie! A jak to się stało, że jesteście razem?

Okazało się, że polecieli tym samym kursem, a ujrzeli się dopiero na pokładzie samolotu. Grzegorz, który czekał na lotnisku, nie mógł uwierzyć, że to czysty przypadek. Zjedliśmy razem kolację, a Grzesiek zabrał Elżbietę i Wacka do siebie.

Święta były udane, radosne i szczęśliwe. Czego by o nas nie rzec, nasze więzi rodzinne należały do wypróbowanych. Na sylwestra wybraliśmy się do Polskiego Klubu, choć nie powiem, żeby było tanio. Bawiliśmy się do trzeciej rano. A po Nowym Roku znowu zaczęły się rozjazdy.

Rodzice Janusza pojechali do CT, by podpisać umowę sprzedaży domu. Na Florydzie Janusz znalazł im ładną nieruchomość w Boca Raton. Wacek z Elżbietą wrócili do Connecticut, ponieważ dziewczyna musiała uporać się z kursami i pozdawać egzaminy. W taki oto sposób zostaliśmy prawie sami, ale mieliśmy Grzegorza i Justynę.

Najszybciej wróciła do nas Marcelka. Pojawiła się jeszcze w styczniu. Była bez bagaży, jedynie z plecakiem, bo swoje rzeczy wysłała w paczkach. Od razu rozejrzała się po domu, chcąc uzgodnić z nami, którą sypialnię może zająć. Obiecała, że wkrótce jej puste szafy będą pełne. W następnej kolejności pojawili się na mecie rodzice Janusza. Już na początku lutego zamieszkali w swoim nowym domu. Potem zadzwonił do nas Wacek. Pochwalił się, że Elżbieta zdała wszystkie egzaminy i że musi teraz być na stażu przez trzy miesiące. Później zaś może się przenieść na Florydę, ponieważ jej firma ma filię w Fort Lauderdale. Planowali pobrać się w kwietniu, a w maju zameldować się na Florydzie. Wacuś przyznał się, że poprosił Grzegorza, aby mu znalazł ładny dom, bo miał już odłożone na pierwszą wpłatę. Przy okazji wypłynął temat rodziców Elżbiety Jej ojciec nosił się z zamiarem sprzedania swojej fabryczki i przeprowadzenia się z żoną na Florydę. Wiadomo, kochający papcio chciał pociągnąć za córką. Nie miał zamiaru rezygnować z biznesu, a marzyło mu się kupno motelu na dwadzieścia do trzydziestu pokoi.

Kiedy się o tym dowiedziałem, zrobiło mi się raźniej. Nasza wspólnota rodzinna na Florydzie miała się powiększyć o dwie następne, bardzo obrotne osoby. Wszyscy ciągnęli tu jak polskie bociany jesienią do Afryki.

Na początku marca Wacek z Elą przyjechali oglądać domy na sprzedaż. Obrotny Grzegorz miał klucze do trzech i chciał je im pokazać. Wybraliśmy się pospołu. Dwa pierwsze nie przypadły im do gustu i dopiero trzeci wszystkim się spodobał. O dziwo, był nieopodal domu Grzegorza. Większy od poprzednich, działka narożna, a tym samym większa. Trzy sypialnie, trzy łazienki, ładny pokój telewizyjny i kuchnia. Z niej wychodziło się na tyły, gdzie znajdował się basen.

Kiedy zapadła decyzja, wybraliśmy się na kolację. Grzegorz zaproponował zaciszną restaurację nad oceanem. Było w niej słychać szum fal.

Rozdział 20

Kochajmy się!

Grzegorz wpadł do nas z rewelacyjną wiadomością. Znalazł motel dla ojca Elżbiety. Było w nim dwadzieścia pięć pokoi, miał dostęp do oceanu, a cena okazywała się całkiem przyzwoita. Następnego dnia gościu miał przylecieć na Florydę, żeby go obejrzeć.

– Tak więc jutro będziecie mieli szansę poznać przyszłego teścia Wacka – skonkludował. Poderwał nas tą wiadomością na równe nogi.

– Musimy go ugościć, poczęstujemy go obiadem! – zaproponowałem z ożywieniem. – Jak załatwisz sprawę, przyjedź z nim do nas, koniecznie. I z Justyną, ma się rozumieć.

Z ukontentowaniem zatarłem ręce. Sprawy nabierały rozpędu.

– Zaczyna być ciekawie – powiedziała Maria.

Żona zastanawiała się, co podać na obiad. Na marginesie należy wspomnieć, że kuchnia amerykańska łączyła się na Florydzie z kuchnią karaibską i latynoską, a mieszczące się wzdłuż plaż restauracje przyzwyczajały do owoców morza. Pyszne świeże ryby nęciły. Od lat sześćdziesiątych cieszyły się powodzeniem dania kubańskich emigrantów: kanapka kubańska, medianoche, espresso kubańskie oraz krokiety. W tym klimacie jadło się więcej warzyw i owoców, szczególnie cytrusowych. Gospodynie domowe miały więc z czym eksperymentować.

Minęła noc i z niecierpliwością oczekiwaliśmy na telefon od Grzegorza. Nie wiedziałem, czy to my psychicznie ściągamy najbliższych na ten półwysep, czy też działa tak na nich sama Floryda. A może należało brać pod uwagę jedno i drugie? Ta kraina palm i aligatorów była ostatnio w modzie i przybywało tu sporo ludzi z innych stanów, z myślą o tym, by osiąść na stałe. Nie brakowało również turystów. Wprawdzie w Pompano Beach było od groma wielopiętrowych hoteli, ale właściciele mniejszych pensjonatów też nie mogli narzekać. Nie uskarżali się na brak klienteli. Ojciec Elżbiety doskonale się więc wstrzelił z pomysłem na biznes. Nie mógł wybrać lepiej.

Szybsza od telefonu okazała się Justyna. Nieoczekiwanie pojawiła się u nas, oferując nam swoją pomoc w kuchni.

– Misiek kazał mi tu przyjechać, więc chyba sprawy mają się dobrze – zdradziła.

Grzegorz przywiózł wreszcie naszego gościa z północy. Przywitaliśmy go z zaciekawieniem. Miał na imię Zenon. Był w lekkim przewiewnym garniturze i rozpiętej kolorowej koszuli. Jego czoło przyprószała siwizna. Pochwalił naszych synów.

– Córek jeszcze nie poznałem, ale na wszystko przyjdzie czas!

Działał szybko. Ostatecznie zdecydował się na kupno motelu. Zadzwonił od nas do żony, Iwony, aby umówiła go z ludźmi mającymi ochotę na jego fabryczkę. Następnego dnia planował powrót na północ.

Posadziliśmy go za stołem, na którym pojawiły się zakąski i napoje. Zaczęliśmy rozmawiać o przyszłości. Zenon był przejęty przygotowaniami do ślubu Elżbiety. Po obiedzie obiecał, że gdy będzie już po wszystkim, zorganizuje rodzinną imprezę integracyjną. Naturalnie, na Florydzie, w nowo nabytym motelu. Posiedzieliśmy do dziesiątej i pożegnaliśmy się. Justyna zabrała Zenona do domu, a Grzegorz został jeszcze chwilę z nami. Rankiem miał go zawieźć na lotnisko w Fort Lauderdale.

Grzegorz na sprzedaży motelu sporo zarobił; wiadomo, im wyższa transakcja, tym większa prowizja dla agenta. Te pieniądze postanowił przeznaczyć na prezent dla Wacka. Zasugerował nam, byśmy jako dobrzy rodzice też się dołożyli.

– Gdyby pierwsza wpłata za dom była wyższa – powiedział – byłyby potem niższe raty.

117

Zaakceptowaliśmy ten pomysł.

Motel, na który ojciec Elżbiety się zdecydował, zobaczyliśmy dopiero w sobotę. Grzesiu zademonstrował nam jego walory. Trzeba przyznać, że bardzo nam się spodobał. Otoczenie zielone. Obok dostępu do oceanu własny basen, dwa zakątki na piknik i specjalne kuchenki gazowe. Wszystko było odnowione i czyste. Póki co jednak musieliśmy myśleć o ślubie Wacka. Należało wybrać się do Connecticut. Zamówiliśmy bilety na samolot i zrobiliśmy rezerwację w hotelu. Polecieliśmy całą grupą: Grzegorz z Justyną, Janusz z Karolcią, rodzice Janusza, czyli Zdzisław i Izabela, oraz ja z Marią. W sumie osiem osób. Marcelka zamierzała dotrzeć osobno. Mieliśmy na miejscu dwa dni na aklimatyzację. Wypada mi zauważyć, że w naszym gronie nie było nikogo, kto chciałby tu wrócić i zamieszkać na stałe. Czuliśmy się mieszkańcami Florydy co najmniej tak, jakby nasze rody były tam zakorzenione od wieków.

Nadszedł dzień ślubu. Odświętnie ubrani udaliśmy się do kościoła. Nie obyło się bez łez. „Ja, Wacław, biorę sobie ciebie, Elżbieto, za żonę i ślubuję ci..." Po złożeniu życzeń udaliśmy się do restauracji, w której odbywały się przyjęcie i tańce. Spotkała nas miła niespodzianka, bowiem grał ten sam zespół co na weselu Karolci i Janusza. Poproszono mnie i Marię, byśmy zaśpiewali kilka piosenek. Popisywaliśmy się przed mikrofonem, co zostało dobrze przyjęte. Weselnicy bawili się do piątej rano. Odespaliśmy zarwaną noc w hotelu i wróciliśmy na obiad do domu przyjęć. Zlustrowałem z uwagą Wacka i Elę. Byli zmęczeni, ale szczęśliwi. „Niech dobry Bóg błogosławi ich poczynaniom!" — westchnąłem w duchu.

Wacek znalazł trochę czasu, żeby z nami porozmawiać. Zapytał, jak się bawiliśmy. Odrzekłem, że dobrze. Marię ciekawiło, kiedy państwo młodzi pojawią się na Florydzie. Obiecał, że już wkrótce. Staż Elżbiety kończył się w połowie maja. Miał więc nadzieję, że na początku czerwca zainstaluje się na dobre wśród nas.

Potem odszedł do innych gości, jako pan młody miał swoje obowiązki, a ja żartobliwie przepytałem Grzesia a *conto* poczynionych planów.

– Pytanie numer jeden: Czy do końca maja Wacek ma szansę podpisać kontrakt na kupno tego domu?

– Odpowiadam, wstępna data podpisania kontraktu to dwudziestego maja – wyrecytował bez zająknięcia.

– To bardzo dobrze – powiedziałem. – A teraz pytanie numer dwa: Kiedy ma podpisać kontrakt pan Zenon?

– Ha! – odrzekł Grzegorz. – To nie byle jaka data, bo pierwszego czerwca, Międzynarodowy Dzień Dziecka. Przecież on to robi dla ukochanej córeczki. Co ty na to, drogi tato? Ma się głowę do interesów?

– Bystry chłopak z ciebie – pochwaliłem go. – Umiesz zapisywać w ludzkiej pamięci ważne daty, to nie byle jaka sztuka.

– Zgrabnie to ująłeś, tato. W związku z tym zdradzę ci coś więcej. Na pierwszy dzień lata, czyli na dwudziestego pierwszego czerwca jest zaplanowane uroczyste spotkanie rodzinne. Chcemy na nie zaprosić Bolka z Ireną oraz ich dzieci, czyli nasze kuzynostwo. Co o tym myślisz?

– Mam tylko jedno pytanie. Czy Zenek wie o liczbie gości? Będzie w końcu właścicielem tego motelu.

Uspokoił mnie.

– Wszystko uzgodniłem jak trzeba.

Po obiedzie wróciliśmy do hotelu, a rankiem następnego dnia odlecieliśmy na Florydę.

Wacek z Elżbietą dotarli do nas osiemnastego maja, aby podpisać z pomocą Grzegorza kontrakt na kupno domu. Spotkała ich miła niespodzianka. Dzięki naszej pomocy comiesięczne raty za dom wydatnie się zmniejszyły.

Pojechaliśmy razem do ich nowej sadyby. Dołączyła do nas Justyna, której nie było przy podpisywaniu umowy. Kobiety oglądały wnętrza. Zaczęły planować, co gdzie będzie. Dzieliły się swoimi wizjami. My w tym czasie oblaliśmy koniakiem wszystkie progi. Ma się rozumieć, pokropiliśmy je ze skąpstwem Szkota, by potem już bez oporów uporać się do końca z napoczętą butelką. U Grzegorza i Justyny czekała nas kolacja. Czasu starczyło na wszystko.

Słońce coraz mocniej przygrzewało. Końcem maja temperatura zbliżała się do trzydziestu stopni, by w czerwcu przekroczyć tę granicę. I trudno się było temu dziwić. Pompano Beach znajdowało się na podobnej szerokości geograficznej co delta Nilu w Afryce czy miasto Delhi w Indiach. Dzień był dość długi. Na przełomie maja i czerwca słońce wschodziło około szóstej trzydzieści, a zachodziło około dwudziestej. Czekaliśmy na Zenona. Przyjechał zgodnie z zapowiedzią. Chciał jeszcze raz sprawdzić, jak sprawy się mają i czy wszystko się zgadza. A następnie podpisać kontrakt. Poszliśmy jeszcze raz obejrzeć motel. Wreszcie uporał się z formalnościami i stał się oficjalnym właścicielem posesji.

Wieczorem uczciliśmy zakup, naturalnie, już w jego motelu. Zenon wyjawił nam swoje plany.

– Pojutrze wracamy do Connecticut, pakujemy najbardziej potrzebne rzeczy, podpisujemy kontrakt na sprzedaż fabryki i wracamy na Florydę. Muszę jeszcze puścić bajer Elżbiecie, żeby się niczego nie domyśliła.

Ukrywał przed Elżunią fakt kupna motelu, chcąc, by to było dla niej niespodzianką.

Zenon działał szybko i sprawnie. Sprzedał wszystko, łącznie z samochodami. Rzeczy osobiste spakowali w paczki i wysłali na Florydę, a sami przyjechali tylko z walizkami na kółkach. Też chciałbym tak podróżować, pomyślałem.

Wacek z Elżbietą przyjechali dwa dni później i spotkaliśmy się u Grzegorza. Elżbieta zdziwiła się, że są tu jej rodzice. Zapytała, gdzie się zatrzymali.

– W przypadkowym motelu – odpowiedział Zenon i z pokerową twarzą wyjął wizytówkę starego właściciela.

– To was tam odwiedzimy!

– Oczywiście – podchwycił Wacek i mrugnął do niego okiem.

Wyszedłem z Grzegorzem na świeże powietrze.

– Jaki jest stan przygotowań do imprezy?

– Mam potwierdzenia od wszystkich osób, do których wysłaliśmy z Justyną zaproszenia. Zaczną się zjeżdżać do motelu między osiemnastym a dwudziestym czerwca. Żarcie jest już zamówione, a trunki zabezpieczają Zdzisław i Janusz. – I dorzucił: – Aha, byłbym zapomniał, będzie także facet z harmonią, żebyśmy mogli sobie pośpiewać.

Pochwaliłem go za dobrą organizację.

– Zostaje nam czekać na przyjazd na gości.

Zaczęli się zjeżdżać już w południe osiemnastego czerwca. Przyjechało dwóch kuzynów Zenka z żonami, Bolek z Ireną z dorosłym już towarzystwem, dwóch kolegów Wacka z żonami. Pojawił się również nasz stary dobry znajomy Antonio. Jadzia z Edkiem także przyjechali, chociaż do końca nie byli pewni, czy uda się im dostać kilka dni urlopu. W zasadzie byli już wszyscy. Miały dojechać jeszcze góra jedna lub dwie osoby. Byłem ciekawy, kto będzie grać na akordeonie. Wreszcie moja ciekawość została zaspokojona. To był Rysio!

Rysio pojawił się w towarzystwie milutkiej Małgosi. Pomyślałem sobie: grał, śpiewał, prosił, aż u Małgosi wyprosił. Dziewczyna występowała w Polsce w jednym z kabaretów, a tutaj sprzedawała polskie wyroby w jednym z większych sklepów w Chicago. A dorabiała sobie na śpiewaniu. Poznała się z Rysiem na jakiejś zabawie i przylgnęli do siebie.

Nadszedł uroczysty dzień integracji rodziny, czyli dwudziestego pierwszego czerwca. Bawiliśmy się doskonale, jedzenie i picie było wyśmienite. Zenon przez mikrofon przywitał wszystkich gości i powiedział, że miałby takie życzenie, aby od tej pory raz w roku spotykać się na takiej imprezie.

⋆ ⋆ ⋆

W tym miejscu chciałbym zakończyć moje wspomnienia. Nasza amerykańska droga biegła zygzakiem – z Brooklynu w Nowym Jorku przez New Britain, niewielkie miasto w stanie Connecticut, do Pompano Beach na Florydzie. Nad rozgrzanym słońcem Atlantykiem ostatecznie zapuściliśmy korzenie. Ominęliśmy w swej wędrówce Chicago, największe poza Polską skupisko Polaków i Amerykanów pochodzenia polskiego. Niejednej osobie, wertującej tę książkę, przypomną się – być może – dobre i złe chwile, jakie sama przeżyła. Czy to w USA, czy gdzie indziej na świecie. Swoją drogą, ciekawe są losy Polaków za granicą. Eposy emigrantów. Pisałem o sobie i swojej rodzinie, choć zmieniałem imiona bohaterów i niektóre realia. Mógłby ktoś nam zarzucić, że byliśmy z Marią jak kwoki, przygarniające pod skrzydła rozbiegające się kurczęta. Gdzie by jednak człowiek się nie znalazł i czego by nie robił, to i tak rodzina pozostawała dla niego najważniejsza. Ta prawda przyświecała mi, gdy zabierałem się do spisywania relacji z naszej podróży w czasie.

Słowniczek polonijnego żargonu i nie tylko

bum – bezdomny, bezrobotny
bye – żegnaj
car / kara – samochód
deal – biznes, transakcja
demolka – rozbiórka
erotic show – zmysłowy taniec
for rent – lokal do wynajęcia
good morning – dzień dobry
hello – witaj
hey – cześć
Little Poland – Mała Polska
ofis – biuro
plejs – domek do sprzątania
pub – bar alkoholowy
rooms – pokoje
sejoł – wyprzedaż
shopping – zakupy
stor – sklep
subway – metro
subway rooms – pokoje jak w pociągu, w którym przechodzi się z jednego do drugiego pokoju
typ – napiwek

Spis treści

1 Zielona Karta 1
2 Do Nowego Jorku 6
3 Za pracą 11
4 Męskie słabostki 17
5 Prawo jazdy i samochód 23
6 Pociechy i ich edukacja 30
7 Kung-fu, bójka w szkole i cztery kółka 34
8 Amerykańskie pokusy 41
9 Takie tam różności 46
10 Urodziny żony i gość z Polski 53
11 Boże Narodzenie i początki kapeli 59
12 Igor 66
13 Kurs masażu 72
14 Praca u milionera 77
15 Nowe perspektywy 84
16 Własny biznes 90
17 Z Nowego Jorku do New Britain 96
18 Kusząca Floryda 104
19 Do Pompano Beach 110
20 Kochajmy się! 116
Słowniczek polonijnego żargonu i nie tylko 123

Made in the USA
Columbia, SC
09 January 2020

86582772R00072